PRINCIPES

DE MÉLODIE ET D'HARMONIE.

IMPRIMERIE DE E. DUVERGER,
rue de Verneuil, n° 4.

PRINCIPES
DE MÉLODIE

ET D'HARMONIE,

DÉDUITS

DE LA THÉORIE DES VIBRATIONS,

PAR LE BARON BLEIN,

ANCIEN OFFICIER-GÉNÉRAL DU GÉNIE.

Legitimum... sonum digitis callemus et aure.

HORAT., *Art. poet.*

Omne tulit punctum qui miscuit utile dulci.

PARIS.

BACHELIER, LIBRAIRE POUR LES SCIENCES,

QUAI DES AUGUSTINS, N° 55.

SIMON RICHAULT, ÉDITEUR DE MUSIQUE,

BOULEVARD POISSONNIÈRE, N° 16.

1832

DÉDICACE

AUX ÉLÈVES

DE L'ÉCOLE POLYTECHNIQUE.

C'est à vous, jeunes hommes, espoir de vos parens et de la patrie, qui un jour figurerez dans les corps civils et militaires les plus distingués et peut-être même à l'Institut, c'est à vous que j'adresse ce fruit tardif des observations et des recherches, délassemens de ma retraite : car je pensais en les rédigeant que plusieurs d'entre vous pourraient en retirer quelque utilité, leur donner des développemens, et consommer de grandes réformes que je ne fais qu'indiquer.

La musique a charmé bien des momens d'une vie agitée par les tourmentes révolutionnaires et les longues guerres qui les ont suivies. Si des loisirs me l'eussent plus tôt permis, j'aurais peut-être pu aller plus loin dans les sciences comme dans l'étude de cet art charmant, malheureusement trop dédaigné de la plupart des géomètres. Faites donc mieux que moi, vous qui fournirez plus paisiblement votre carrière à l'abri d'une Charte constitutionnelle et sous des rois occupés du bonheur des peuples. Soyez savans et soyez musiciens, et vous connaîtrez les jouissances les plus vives sous le rapport intellectuel, et les plus innocemment délicieuses dans le sens physique. Permettez-moi de me citer en exemple.

Je fus jadis un des élèves de cette école des Ponts et Chaussées fondée par l'illustre Perronnot, et qui a servi de point de départ pour la création de la vôtre. Eh bien! j'y professai les diverses branches des mathématiques en même temps que j'y dirigeais notre concert d'amateurs, amu-

sement de notre premier ingénieur, et où l'un
de vos plus savans examinateurs venait chanter
ses romances en s'accompagnant de la harpe.
Un jour où nous avions concouru en sections
coniques, j'eus le bonheur de donner ma solution assez tôt pour pouvoir aller de la rue de
la Perle aux Invalides à un concert où je fus
accueilli avec une vive affection et où je ne fus
pas inutile. Ma satisfaction était extrême. Quelques mois après j'appris que j'avais obtenu le
premier prix. J'avais pourtant eu pour concur-
rent l'un des membres actuels de l'Institut,
distingué par ses profondes connaissances en
mécanique. Je fus donc trois fois heureux!

Puissiez-vous, jeunes hommes, l'être un jour
d'une semblable manière!

Choisy-le-Roi, le 1er novembre 1831.

INTRODUCTION.

CET ouvrage est le fruit des recherches que je me suis trouvé conduit à faire pour me rendre raison des règles du contrepoint, et de ce grand nombre d'exceptions que les maîtres de cette science se sont vus forcés d'y introduire. La méthode de *Fuchs* qui m'a été indiquée comme la meilleure, les leçons de *Bemetzrieder* rédigées par *Diderot*, les principes de *Rameau* analysés par *Dalembert*, et plusieurs autres ouvrages qui me sont tombés sous la main ne m'ont nullement satisfait à cet égard, et j'ai cherché des principes plus certains dans les phénomènes produits par des corps sonores de diverses formes et dimensions. Pour remonter à leur source primitive, j'ai encore examiné attentivement la théorie de *Taylor* et de *Dalembert* sur les vibrations, et au mémoire sur l'acoustique de *Diderot*, dans lequel cette théorie est développée [1].

J'épargne à mes lecteurs le détail des recherches et des expériences que j'ai faites successivement en très grand nombre. Elles sont consignées dans plusieurs mémoires qui ont été lus ou communiqués à l'Académie des Sciences de l'Institut, de 1823 à 1825, et dont un résumé a été publié en 1827 [2].

Leur résultat forme la base de ce travail que je me détermine à présenter au public dans l'espoir qu'il peut être utile à l'enseignement de la musique; et

(1) J'aurais dû consulter les ouvrages d'Albrechtberger, de Marbourg, de Zerlin, mais ils sont rares, et le premier seul est traduit depuis peu ; au surplus, les règles du contrepoint ont été établies pour la composition du plain-chant, et pour le style sévère particulièrement appliqué à la musique religieuse. On ne les suit plus dans les compositions du style moderne, à l'exception de celle relative à la marche vers l'octave ou vers l'unisson.

(2) Ce résumé, corrigé et augmenté, vient d'être publié de nouveau sous le titre de *Théorie des vibrations*, chez Bachelier, libraire, quai des Augustins, n° 55.

persuadé du moins que tous les maîtres qui voudront se donner la peine de répéter mes expériences ne pourront se refuser à leur évidence, ni méconnaître l'influence puissante des principes qu'elles établissent sur les méthodes de la mélodie et de l'harmonie.

Voici quelles sont ces expériences, et les principes qui en dérivent.

Tout le monde connaît l'expérience de la corde cylindrique de métal, tendue, qui, lorsqu'elle est pincée et abandonnée à elle-même, fait entendre un son principal accompagné après quelques instans de deux autres plus aigus, mais faibles, et qui ont ce rapport avec le premier son fondamental, que celui-ci résultant d'*une* vibration dans un temps connu, les autres résultent de *trois* et *cinq* vibrations dans le même temps. Ces rapports 1, 3 et 5, des vibrations de ces trois sons, sont ceux qui constituent l'harmonie du mode majeur, que l'on représente par trois sons rapprochés dans une octave au moyen des rapports 1, $\frac{3}{2}$ et $\frac{5}{4}$, dans l'ordre 1, $\frac{5}{4}$, $\frac{3}{2}$; parce que $\frac{3}{2}$ est l'octave grave du son représenté par trois vibrations, et $\frac{5}{4}$ la double octave grave de celui représenté par cinq vibrations [1].

Considérant que cette corde tendue était un cylindre à extrémités fixes, j'ai fait une expérience analogue sur un cylindre de fer d'un mètre de longueur et quinze millimètres de diamètre. En le suspendant par un fil, il n'a point été privé de sa faculté de vibrer, et il m'a fait entendre, en le frappant, un son principal aigu et deux autres plus graves et plus faibles dans l'ordre semblable à *si*, *mi*, *sol*, qui seraient représentés, le premier par $\frac{15}{8}$, le second par $\frac{5}{4}$ et le troisième par $\frac{3}{4}$ vibrations. Or, on voit que ces nombres représentent des octaves des sons dont les vibrations seraient dans les rapports 15, 5, 3, ou 1, $\frac{1}{3}$, $\frac{1}{5}$. Il est remarquable que ces trois sons forment l'harmonie du mode mineur, et que leur type

---

(1) On a été jusqu'à présent dans l'usage en physique de représenter les sons par des fractions qui indiquent les portions correspondantes qui les produiraient dans une corde tendue. Je crois que tout le monde pensera avec moi qu'il est préférable de les représenter par les rapports de leurs nombres de vibrations.

est formé des rapports inverses des trois premiers nombres impairs, comme celui du mode majeur est formé de leurs rapports directs. Enfin, il est curieux de trouver dans ces rapports l'origine si long-temps ignorée du mode mineur.

On a cru jusqu'à présent que les dissonances n'avaient pas d'origine naturelle. Celle de seconde majeure se fait entendre dans un plateau de verre ou de métal, triangulaire équilatéral; celle de triton se fait remarquer dans le plateau carré. Lorsque l'on frappe alternativement les angles, les milieux des côtés et le centre d'un plateau carré, on entend successivement des sons dans un ordre tel que *ut, fa* ♯, *la*, représentés en rapports de vibrations par 1, $\sqrt{2}$, $\frac{5}{3}$: et l'analogie est frappante entre le rapport du côté à l'hypothénuse, et entre les sons 1 et $\sqrt{2}$, en raison inverse.

Une autre analogie se présente dans le plateau rond qui, frappé à ses bords et à son centre, fait entendre deux sons à intervalle de sixte mineure, représentés par les rapports 1, $\frac{8}{5}$, et où l'on remarque une division concentrique qui réunit sur un cercle intérieur dont le rayon est $\sqrt{\frac{5}{8}}$ du rayon total la poudre légère répandue sur la surface du plateau mis en état de vibration.

Enfin, une expérience extrêmement importante par ses résultats, et démontrée géométriquement quant à son principe physique, fait connaître que deux sons étant donnés dont les nombres de vibrations sont connus, tels que m et $m + n$, ou par exemple 1000 et $1000 + 437$, et que l'on fait vibrer à la fois par deux corps sonores rapprochés, il en résulte constamment deux résonnances graves qui sont n et $m—n$, ou bien, suivant les nombres cités, 437 et 1000 — $437 = 563$. Cette loi constante peut être représentée de la manière suivante.

SONS GÉNÉRATEURS.

1000, 1000, 1000, 1000, 1000, 1000, 1000, 1000, 1000, 1000, 1000, 1001, 1002, 1003, ... 1499, 1500, 1501, ... 1997, 1998, 1999.

DISSONANCES GRAVES.

1, 2, 3, ... 499, 500, 501, ... 997, 998, 999, 999, 998, 997, ... 501, 500, 499, ... 3, 2, 1.

On sait que les résultantes ne peuvent être entendues comme sons, lorsque les nombres de leurs vibrations sont au-dessous de trente-deux par seconde; mais on les distingue alors comme battemens, et ils sont extrêmement sensibles lorsque l'on fait vibrer à la fois deux cordes d'un piano que l'on cherche à mettre d'accord, et qui n'y parviennent que lorsque ces battemens cessent tout-à-fait.

Les résultats de cette loi remarquable seront indiqués lorsqu'il sera question de la génération harmonique dont elle est un principe incontestable.

Maintenant nous allons entrer en matiere.

PRINCIPES
DE MÉLODIE ET D'HARMONIE

DÉDUITS DE LA THÉORIE DES VIBRATIONS.

CHAPITRE PREMIER.

Génération mélodique, ou formation naturelle de la gamme chromatique, c'est-à-dire, de la série des divers sons qui peuvent être
placés convenablement entre un son donné et son octave aiguë.

L'HARMONIE du mode majeur trouvée dans la corde
cylindrique tendue est constituée par trois sons dont les
vibrations sont en un temps donné dans les rapports des
nombres 1, 3, 5; le son 1 (ou à une vibration), ayant pour
octave aiguë le son 2 (ou à deux vibrations) dans le même
temps, on voit que pour placer entre ces deux sons les sons
3 et 5, dont la succession produit un effet si agréable, il
faut en prendre les octaves graves $\frac{3}{2}$ et $\frac{5}{4}$, en sorte que le
type du mode majeur devient la série 1, $\frac{5}{4}$, $\frac{3}{2}$, 2; en répétant le son 1 à l'aigu, et en plaçant les sons dans l'ordre
de leurs rapports arithmétiques.

De même, l'harmonie du mode mineur, trouvée dans le
cylindre isolé, est constituée par trois sons dont les vi-
brations sont en un temps donné dans les rapports 1, $\frac{1}{3}$, $\frac{1}{5}$;
et on voit que pour placer les sons $\frac{1}{3}$ et $\frac{1}{5}$ entre les deux

octaves 1 et 2, il faut en prendre les octaves aiguës $\frac{4}{3}$ et $\frac{8}{5}$. Le type du mode mineur devient donc 1, $\frac{4}{3}$, $\frac{8}{5}$, 2 [1].

Les deux types réunis forment une première gamme sous la forme 1, $\frac{5}{4}$, $\frac{4}{3}$, $\frac{3}{2}$, $\frac{8}{5}$, 2, dont tous les termes sont consonnans, relativement au son fondamental 1.

Si l'on observe que les sons 1, $\frac{5}{4}$, $\frac{3}{2}$ du type majeur peuvent être intervertis, sans que le caractère de leur harmonie soit changé, on pourra les placer dans l'ordre $\frac{5}{4}$, $\frac{3}{2}$, 2 ; et $\frac{3}{2}$, 2, $\frac{5}{2}$; on pourra supposer aussi que le son $\frac{5}{4}$ de la première inversion, et celui $\frac{3}{2}$ de la deuxième deviennent tour à tour le son 1 ; alors, en effet, en multipliant chacun des termes du second type majeur $\frac{5}{4}$, $\frac{3}{2}$, 2, par la fraction $\frac{4}{5}$, il se change en 1, $\frac{6}{5}$, $\frac{8}{5}$; et en multipliant les termes $\frac{3}{2}$, 2, $\frac{5}{2}$ du troisième type par $\frac{2}{3}$, il se change en 1, $\frac{4}{3}$, $\frac{5}{3}$. Nous aurons donc acquis des sons nouveaux, savoir : $\frac{6}{5}$ et $\frac{5}{3}$, qui, intercalés à leur rang arithmétique dans notre première gamme, produiront un second type sous la forme :

$$1, \frac{6}{5}, \frac{5}{4}, \frac{4}{3}, \frac{3}{2}, \frac{8}{5}, \frac{5}{3}, 2,$$

où tous les termes sont consonnans avec le son fondamental 1.

Nous n'avons pas besoin de faire la même opération sur le type mineur, qui a bien aussi ses deux autres inversions, 1, $\frac{6}{5}$, $\frac{3}{2}$, et 1, $\frac{5}{4}$, $\frac{5}{3}$; on voit qu'elle nous donnerait les mêmes résultats. Nous nous bornerons à faire observer que les sons 3, $\frac{3}{2}$ ... $\frac{1}{3}$, $\frac{2}{3}$, $\frac{4}{3}$, ... et leurs autres octaves sont des con-

---

(1) Les dénominations usitées des deux modes sont dérivées de ce que l'une des consonnances qui les composent (la tierce) est plus aiguë ou plus grave, dans le même ton donné. Il eût été à désirer que les Italiens, nos premiers maîtres, leur eussent donné des noms plus caractéristiques, tels que *allegro* et *mesto*. *Allegro*, appliqué au mouvement, est une qualification insuffisante et inexacte.

sonnances du premier ordre, relativement au son fondamental 1 ; que les sons $5, \frac{5}{2}, \frac{5}{4}, \ldots \frac{1}{5}, \frac{2}{5}, \frac{4}{5}, \frac{8}{5}, \ldots$ et leurs octaves sont des consonnances du second ordre ; et qu'enfin les consonnances du troisième ordre sont celles que forment par des rapports plus composés les sons $\frac{5}{3}, \frac{5}{6}, \ldots \frac{6}{5}, \frac{3}{5}, \ldots$ et leurs octaves [1].

Si l'on examine la série $1, \frac{6}{5}, \frac{5}{4}, \frac{4}{3}, \frac{3}{2}, \frac{8}{5}, \frac{5}{3}, 2$, on trouvera que les termes $\frac{6}{5}$ et $\frac{5}{4}$, de même que ceux $\frac{8}{5}$ et $\frac{5}{3}$ diffèrent entre eux du facteur $\frac{25}{24}$; que les termes $\frac{5}{4}$ et $\frac{4}{3}$, de même que ceux $\frac{3}{2}$ et $\frac{8}{5}$, diffèrent aussi d'un facteur commun, $\frac{16}{15}$; que par conséquent les termes $\frac{6}{5}$ et $\frac{4}{3}$, $\frac{3}{2}$ et $\frac{5}{3}$, diffèrent entre eux d'un même facteur $\frac{10}{9} = \frac{25}{24} \times \frac{16}{15}$; que les termes $\frac{4}{3}$ et $\frac{3}{2}$ diffèrent d'un facteur $\frac{9}{8}$ plus grand que $\frac{10}{9}$ de $\frac{1}{72}$; on remarquera enfin que les sons 1 et $\frac{6}{5}$, diffèrent ainsi que ceux $\frac{5}{3}$ et 2, du même facteur $\frac{6}{5}$, qui est presque égal à $\frac{25}{24} \times \frac{16}{15} \times \frac{16}{15} = \frac{6400}{5400} = \frac{32}{27}$; car $\frac{32}{27}$ ne diffère de $\frac{6}{5}$, que de $\frac{2}{125}$; et que d'ailleurs $\frac{6}{5} = \frac{9}{8} \times \frac{16}{15}$.

On voit par ces observations que le plus grand facteur des termes consécutifs de la série chromatique des sons qu'il est possible d'intercaler parmi ceux déjà trouvés entre deux octaves, dans des rapports consonnans, doit être $\frac{16}{15}$, et le plus petit $\frac{25}{24}$; que par conséquent, il faudra intercaler entre $\frac{4}{3}$ et $\frac{3}{2}$ un son moyen proportionnel géométrique, égal à $\sqrt{2}$, plus faible que $\frac{4}{3} \times \frac{16}{15}$ d'environ $\frac{1}{125}$; qu'entre 1 et $\frac{6}{5}$, il faudra intercaler deux sons, l'un $\frac{9}{8}$, qui est la conson-

---

(1) On peut, d'après cette classification naturelle et incontestable, apprécier le mérite du classement donné par *Fuchs*, où l'octave et la quinte sont considérées seules comme consonnances du premier ordre ; les tierces, mineures ou majeures, comme de second ordre, et les sixtes comme de troisième ordre, la quarte étant rejetée parmi les dissonances et le triton étant souvent considéré comme une quinte. Comment a-t-on pu édifier sur de telles bases !

nance de premier ordre ($\frac{3}{4}$) de la première consonnance $\frac{3}{2}$ du son fondamental 1 ; et l'autre $\frac{16}{15}$, qui est la consonnance de premier ordre ($\frac{2}{3}$) de la consonnance de deuxième ordre $\frac{8}{5}$, du même son 1 ; que de même enfin, entre $\frac{5}{3}$ et 2, il faudra intercaler deux sons, l'un $\frac{16}{9} = \frac{4}{3} \times \frac{4}{3}$, et l'autre $\frac{15}{8} = \frac{3}{2} \times \frac{5}{4}$, et par conséquent résultant des combinaisons semblables de deux consonnances de premier et second ordre du son fondamental 1. Si l'on admettait le son $\frac{10}{9}$ au lieu de celui $\frac{9}{8}$, l'intervalle de $\frac{10}{9}$ à $\frac{6}{5}$ serait de $\frac{27}{25}$, de même si l'on admettait $\frac{9}{5}$ au lieu de $\frac{16}{9}$.

La gamme chromatique se trouvera donc composée des treize sons suivans, en répétant le son fondamental à l'octave aiguë, savoir :

$$1, \frac{16}{15}, \frac{9}{8}, \frac{6}{5}, \frac{5}{4}, \frac{4}{3}, \sqrt{2}, \frac{3}{2}, \frac{8}{5}, \frac{5}{3}, \frac{16}{9}, \frac{15}{8}, 2,$$

dont les intervalles sont sensiblement égaux, et où les seuls termes $\frac{16}{15}$, $\frac{9}{8}$, $\sqrt{2}$, $\frac{16}{9}$ et $\frac{15}{8}$, sont dissonans relativement au son fondamental [1].

On sent que la dissonance la moins dure est l'intervalle $\frac{9}{8}$, ou son inverse $\frac{16}{9}$, parce qu'elle est le produit de deux consonnances du premier ordre, et que la plus forte est celle exprimée par le rapport incommensurable $\sqrt{2}$.

On a donné des noms particuliers à plusieurs des sons de cette gamme, savoir à ceux 1, $\frac{9}{8}$, $\frac{5}{4}$, $\frac{4}{3}$, $\frac{3}{2}$, $\frac{5}{3}$, $\frac{15}{8}$, 2 : les noms de notes. . . . . . . *ut, ré, mi, fa, sol, la, si, ut;* qui forment ce qu'on appelle la gamme diatonique du mode majeur en *ut* [2].

---

(1) Le facteur moyen proportionnel géométrique qui produit des intervalles (demi-tons) égaux, serait à peu près égal à $\frac{18}{17}$: mais aucun de ces sons n'aurait un rapport consonnant avec le son fondamental.

(2) *Diatonique*, c'est-à-dire, qui procède par intervalles à distance d'un *ton*. Or, s'il y a un ton d'*ut* à *ré*, de *ré* à *mi*, de *fa* à *sol*, de *sol* à *la*, de *la* à *si*; il n'y a qu'un

Malheureusement les autres intervalles n'ont encore reçu que des noms dérivés des précédens, et qui sont alternativement affectés d'un signe *dièze* ou *bémol*, suivant qu'on les a considérés comme immédiatement plus aigus ou plus graves d'un intervalle chromatique, que celui dont ils conservent le nom.

C'est donc ainsi que l'on désigne les intervalles : $\frac{16}{15}$, $\frac{6}{5}$, $\sqrt{2}$, $\frac{8}{5}$, $\frac{16}{9}$, par les noms des notes

$$\left\{ \begin{array}{lllll} ut\,\sharp, & ré\,\sharp, & fa\,\sharp, & sol\,\sharp, & la\,\sharp \\ ré\,\flat, & mi\,\flat, & sol\,\flat, & la\,\flat, & si\,\flat \end{array} \right.$$

On a même été plus loin, en admettant des doubles dièzes, des doubles bémols ; un *si* $\sharp$ au lieu d'un *ut*; un *fa* $\flat$ au lieu d'un *mi,* etc., en sorte qu'un accord consonnant tel que 1, $\frac{6}{5}$, $\frac{8}{5}$, 2, a pu être noté de ces deux manières. . .

$$\left\{ \begin{array}{llll} ut, & mi\,\flat, & la\,\flat, & ut. \\ si\,\sharp, & ré\,\sharp, & sol\,\sharp, & si\,\sharp. \end{array} \right.$$

Il eût été bien préférable et beaucoup plus simple de désigner chacun de ces sons par un nom particulier, ou même seulement par le rang numérique qu'ils occupent dans l'ordre de leur position, en donnant à la note de départ ou fondamentale, la caractéristique 0, ou 12, suivant qu'elle commence ou termine le chant de la gamme.

Ainsi l'on aurait pu écrire et dire pour chacun des sons de la gamme chromatique :

$$1, \frac{16}{15}, \frac{9}{8}, \frac{6}{5}, \frac{5}{4}, \frac{4}{3}, \sqrt{2}, \frac{3}{2}, \frac{8}{5}, \frac{5}{3}, \frac{16}{9}, \frac{15}{8}, 2.$$

ci $\left\{ \begin{array}{cccccccccccc} ut, & dé, & ré, & bé, & mi, & fa, & da, & sol, & lé, & la, & di, & si, & ut. \\ 0, & 1, & 2, & 3, & 4, & 5, & 6, & 7, & 8, & 9, & 10, & 11, & 12. \end{array} \right.$

(*Voy.* la note A, sur les intervalles enharmoniques.)

demi-ton de *mi* à *fa,* comme de *si* à l'*ut*. L'expression *diatonique* n'est donc pas rigoureusement exacte dans ce cas. On aurait dû dire une *gamme chantante,* ou *mélodique*.

CHAPITRE II.

De l'accord des instrumens et de la détermination d'un *diapason*,
c'est-à-dire d'un son fixe et invariable.

La gamme chromatique ayant été formée d'après les principes constitutifs des harmonies des deux modes, sous le type suivant, des rapports des vibrations

$$1,\ \tfrac{16}{15},\ \tfrac{9}{8},\ \tfrac{6}{5},\ \tfrac{5}{4},\ \tfrac{4}{3},\ \sqrt{2},\ \tfrac{3}{2},\ \tfrac{8}{5},\ \tfrac{5}{3},\ \tfrac{16}{9},\ \tfrac{15}{8},\ 2,$$

correspondant

aux notes   *ut,* $\overset{ut\,\sharp.}{re\,\flat.}$ *ré,* $\overset{ré\,\sharp.}{mi\,\flat.}$ *mi, fa,* $\overset{fa\,\sharp.}{sol\,\flat.}$ *sol,* $\overset{sol\,\sharp.}{la\,\flat.}$ *la,* $\overset{la\,\sharp.}{si\,\flat.}$ *si, ut.*

On trouvera qu'à partir du son *ut,* les premières consonnances ascendantes (quintes) *sol* et *ré,* et les premières consonnances inverses (quartes), *fa* et *si* ♭, sont parfaitement justes; mais le son $\tfrac{5}{3}$, *la,* n'est pas exactement la première consonnance de *ré,* $\tfrac{9}{8}$, qui devrait être $\tfrac{27}{16}$, car $\tfrac{27}{16}$ est plus grand que $\tfrac{5}{3}$ de $\tfrac{1}{48}$. De même $\tfrac{6}{5}$, *mi* ♭, n'est pas exactement la première consonnance inverse de *si* ♭, $\tfrac{16}{9}$, qui serait $\tfrac{32}{27}$, plus petit que $\tfrac{6}{5}$ de $\tfrac{2}{135}$.

Comme les premières consonnances sont celles dont la justesse est le mieux sentie par l'oreille, à cause de la plus grande simplicité des rapports dont elles dérivent, il faut donc en prenant le son 1, *ut,* comme régulateur fondamental, accorder dans un instrument à clavier :

1º Tous les sons sons *ut,* 1, 2, 4, 8 ... $\tfrac{1}{2}$, $\tfrac{1}{4}$, $\tfrac{1}{8}$, etc., (octaves).

2º La série ascendante des premières consonnances d'*ut,*

$\frac{3}{2}$ et $\frac{9}{4}$ (*sol* et *ré*) et leurs octaves $\frac{3}{4}$, $\frac{3}{8}$, ... 3, 6.....; $\frac{9}{8}$, $\frac{9}{16}$, ... $\frac{9}{2}$ ..... 9, 18, etc.

3° La série inverse des premières consonnances $\frac{2}{3}$ et $\frac{4}{9}$ (*fa* et *si* ♭) et leurs octaves $\frac{4}{3}$, $\frac{8}{3}$ ..... $\frac{1}{3}$, $\frac{1}{6}$, $\frac{1}{12}$; $\frac{8}{9}$, $\frac{16}{9}$ ..... $\frac{2}{9}$, $\frac{1}{9}$, $\frac{1}{18}$, etc.

4° Former par l'oreille l'accord consonnant $\left\{ \begin{smallmatrix} ut, & fa, & la, \\ 1, & \frac{4}{3}, & \frac{5}{3}, \end{smallmatrix} \right.$ qui donnera la faculté de déterminer exactement le son *la* et ses octaves.

5° Prendre ensuite le son *mi*, $\frac{5}{4}$, comme première consonnance exacte de *la*, $\frac{5}{3}$, et *si*, $\frac{15}{8}$ comme première consonnance exacte de *mi* $\frac{5}{4}$. Les accords consonnans *ut*, *mi*, *sol*, et *mi*, *sol*, *si*, qui doivent être parfaitement justes, seront leurs épreuves.

6° Former l'accord consonnant $\left\{ \begin{smallmatrix} ut, & fa, & la\,♭, \\ 1, & \frac{4}{3}, & \frac{8}{5}, \end{smallmatrix} \right.$ pour déterminer le *la* ♭ et ses octaves.

7° Former ensuite le *mi* ♭, $\frac{6}{5}$, comme première consonnance de *la* ♭, $\frac{8}{5}$ ou $\frac{4}{5}$; les accords consonnans *la* ♭, *ut*, *mi* ♭ et *ut*, *mi* ♭, *sol*, qui doivent être parfaitement justes, lui servant d'épreuves.

8° Former le son *ré* ♭, $\frac{16}{15}$, comme première consonnance inverse de *la* ♭; les accords consonnans *ré* ♭, *fa*, *la* ♭ et *si* ♭, *ré* ♭, *fa*, lui serviront d'épreuves.

9° Enfin, déterminer le son $\left\{ \begin{smallmatrix} fa\,♯, \\ sol\,♭, \end{smallmatrix} \right.$ $\sqrt{2}$, comme première consonnance inverse de *ré* ♭, et comme première consonnance de *si*, $\frac{15}{8}$, ou $\frac{15}{16}$: de manière que les deux quartes, *ut* ♯, *fa* ♯, et *fa* ♯, *si*, soient un peu plus faibles qu'il ne le faudrait; car par la nature des fractions qui expriment leurs rapports, la vraie quarte de *ut* ♯, $\frac{16}{15}$, serait $\frac{64}{45}$; la vraie quinte de *si*, $\frac{15}{16}$, serait $\frac{45}{32}$. Or, ces deux fractions réduites au même dénominateur donnent un *fa* ♯ de $\frac{2048}{1440}$, et un autre de $\frac{2025}{1440}$, dont la différence est de $\frac{23}{1440}$, ou environ $\frac{1}{63}$. On voit que le son $\sqrt{2}$ est le véritable moyen proportionnel qui rend la quarte un peu plus faible, et la quinte un peu plus forte qu'elles ne devraient être d'une quantité d'environ $\frac{1}{125}$ qui peut être négligée.

Mais si les clavecins, les orgues, les pianos et les harpes sont accordés d'après cette méthode, il est nécessaire que tous les autres instrumens, s'ils sont dans le cas d'être employés ensemble, aient leurs sons distribués de la même manière, sans quoi ils seront indispensablement obligés dans une infinité de cas, de produire des sons autres que ceux des instrumens à clavier; et leur ensemble produira un très mauvais effet.

Les basses et les altos, par exemple, auront un son, le *la* de leurs chanterelles, qui ne sera plus celui du piano dont l'*ut* fondamental serait à l'unisson de celui de ces instrumens, et dont ce *la* doit être exactement la sixte majeure. Dans les violons, l'habitude où l'on est, comme pour la basse, et l'alto, d'accorder ces instrumens par quintes justes, fait que les *la* et les *mi* ne sont point non plus les mêmes que ceux qui résulteraient d'un *ut* régulateur et fondamental. Les clarinettes construites en *fa*, en *si* ♭, les hautbois et les flûtes, ayant un *ré* pour son fondamental, pourront bien moins encore donner les mêmes sons, etc. Il faudrait donc en prenant l'*ut* pour régulateur commun, universel, construire les instrumens à vent avec un *ut* pour son grave et générateur; et dans les instrumens à archet, accorder les *ut*, les *sol* et les *ré*, par quintes justes, mais déterminer les *la*, comme sixtes majeures d'*ut* et non pas comme quintes de *ré*; et enfin les *mi*, comme quintes justes de ces *la*.

On sait que le son *ut* le plus grave de l'orgue, est celui donné par un tube ouvert de trente-deux pieds de longueur, son que l'on a trouvé devoir résulter d'un nombre de trente-deux vibrations par seconde[1]. Le nombre des vibrations doublant à chaque octave aiguë, il en résulte qu'un tube d'un pied donne la cinquième octave aiguë du premier *ut*, provenant de 1024 vibrations par seconde. Nous ferons remarquer que si au lieu d'un tube d'un pied de roi de longueur, on prenait un tube d'un tiers de mètre, ou d'un pied métrique, mesure maintenant en usage, le son qui en résulterait serait produit assez exactement par 1000 vibrations en une seconde, car le pied de roi est au pied métrique très approximativement comme 1000 est à $1025\frac{2}{9}$ et la différence d'un millième et une petite fraction entre les nombres 1024 et $1025\frac{2}{9}$ peut être négligée. Ce son à 1000 vibrations par seconde pourrait être pris pour *diapason* ou régulateur ; mais comme il est plus grave que l'*ut* de l'orgue d'environ un cinquième de ton, et comme cet *ut* de l'orgue est d'environ $\frac{3}{4}$ de ton plus grave que celui en usage dans les orchestres modernes, on voit qu'il se rapporterait assez au *si* ♭ de nos instrumens actuels[2].

Or, puisque le *si* ♭ est le son le plus grave de la série des quintes justes ascendantes de notre gamme chroma-

----

(1) Il se peut que le palarithme de M. le baron Caignard de Latour indique que ce son est produit par 16 vibrations au lieu de 32 ; mais peu importe quant aux conséquences, puisque ce son est alors représenté par son octave.

(2) C'est le désir d'obtenir des sons plus brillans dans les instrumens à cordes qui a fait élever ainsi l'*ut* de l'orgue, au grand désavantage des chanteurs.

tique, rien n'empêche de le prendre pour régulateur. La coïncidence d'un nombre millénaire, d'une mesure métrique, et d'une unité de temps usuelle concourront à le rendre désormais inaltérable.

Le son *mi* ♭, s'il était considéré comme la quinte renversée de ce *si* ♭ serait un son à $666\frac{2}{3}$ vibrations produit par un tube d'un demi-mètre de longueur, et son octave grave donnée par le tube d'un mètre serait un son à $333\frac{1}{3}$ vibrations par seconde.

Mais d'après nos principes, notre gamme chromatique sera composée des sons suivans, représentés en nombres de vibrations, savoir :

ordre et nomenclature.	nombres des vibrations.
0, *ut*	$562\frac{1}{2}$
1, *dé*	600
2, *ré*	$652\frac{9}{16}$
3, *be*	675
4, *mi*	$703\frac{1}{8}$
5, *fa*	750
6, *du*	$795\frac{1}{2}$
7, *sol*	$843\frac{3}{4}$
8, *lé*	900
9, *la*	$937\frac{1}{2}$
10, *di*	1000
11, *si*	$1054\frac{11}{16}$
12, *ut*	1125

La formation de notre gamme chromatique nous conduit naturellement à une dénomination particulière pour chacun des intervalles soit consonnans, soit dissonans des sons qui la composent, tirée du rang qu'y occupent ces mêmes sons. Comment, en effet, ne pas donner un nom absolument indépendant, 1° à tous les intervalles consonnans avec la note fondamentale ou tonique $\{^{0}_{ut}$; savoir, les intervalles 3, 4, 5; 7, 8 et 9; que d'après la division diatonique il faut nommer seconde superflue ou tierce mineure; tierce majeure ou quarte diminuée; quarte ou tierce superflue; quinte ou sixte diminuée; quinte superflue ou sixte mineure; sixte majeure ou septième diminuée; 2° aux intervalles dissonans 1, 2, 6, 10, 11, qu'il faut nommer unisson superflu ou seconde mineure; seconde majeure; quarte superflue ou quinte diminuée; sixte superflue ou septième mineure; septième majeure, septième superflue, octave diminuée, etc. Pourquoi ne pas dire simplement : un premier, second, troisième, quatrième, etc., intervalle?

Nous oserons donc aussi proposer de revenir à cette méthode jadis indiquée, dans la manière de noter la musique, méthode qui la rendrait d'une lecture et d'une étude incomparablement plus facile par la suppression absolue des dièzes et des bémols. On sait qu'elle consiste à établir des portées à six lignes, où chacun des douze intervalles chromatiques trouve sa place alternativement sur les lignes et sur leurs espaces vides ainsi qu'il suit :

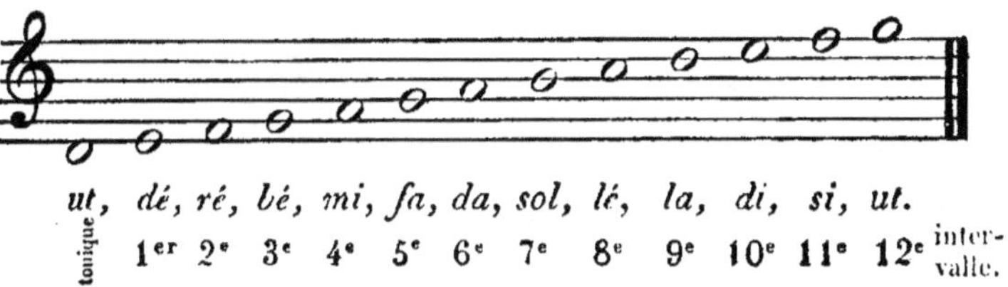

A cette méthode s'appliquerait encore parfaitement une nouvelle distribution à faire dans les touches des claviers , distribution dont il est probable qu'on reconnaîtra les immenses avantages. Elle consiste dans la répartition suivante où chaque touche blanche correspond à un intervalle des lignes de la portée, comme chaque touche noire correspond à une de ces lignes.

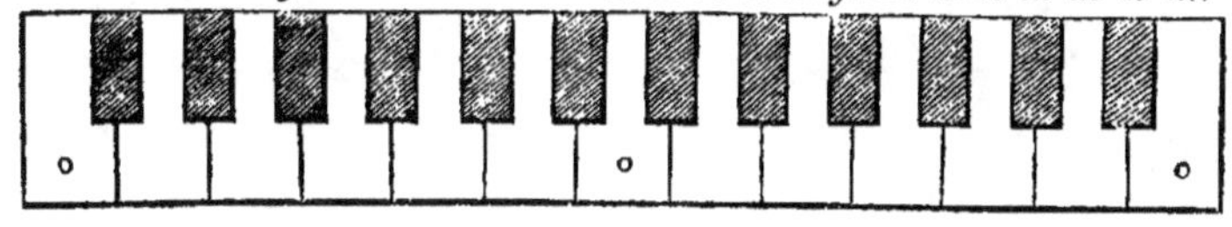

On doit voir qu'avec un tel clavier, il n'y aurait jamais que deux doigtés pour le même trait, dans tous les tons possibles, au lieu des douze doigtés qu'exigent les claviers actuels, ce qui en diminuerait singulièrement les difficultés.

Toutefois nous avouerons que l'adoption de ces trois procédés inséparables produirait une révolution immense dans la musique, et dès lors on pourra long-temps manquer du courage nécessaire pour l'entreprendre.

CHAPITRE III.

De la nature des diverses mélodies qui résultent de la gamme chromatique, en prenant pour tonique alternativement tous les intervalles de cette gamme.

L'ADOPTION de notre gamme chromatique ne saurait changer en rien le chant parvenu à sa perfection de la gamme dite *diatonique*, dans le mode majeur, tel que celui $\{\begin{smallmatrix} 0, & 2, & 4, & 5; & 7, & 9, & 11, & 12, \\ ut, & ré, & mi, & fa; & sol, & la, & si, & ut, \end{smallmatrix}$ parce qu'il forme une mesure à deux temps, dont les deux parties sont sensiblement semblables[1] à sept intervalles de distance. Ce chant satisfait pleinement notre oreille, parce que dans la première partie, après avoir formé la dissonance la plus faible (un second intervalle), on passe d'une deuxième consonnance (un quatrième intervalle) à une première consonnance (un cinquième intervalle) de la tonique, formant un repos accidentel ; et que dans la seconde partie, prenant pour point de départ l'autre première consonnance de la tonique (un septième intervalle) on suit la même marche à l'égard de cette consonnance considérée comme une nouvelle tonique, marche qui ramène la première tonique comme repos absolu. On sent d'ailleurs que les repos de ces deux parties de la

(1) Nous disons *sensiblement semblables*, parce que l'intervalle d'*ut* à *ré*, du premier hémistiche, est d'un ton majeur, réprésenté par $\frac{9}{8}$ et celui de *ré* à *mi* d'un ton mineur, représenté par $\frac{10}{9}$; tandis que dans le second hémistiche l'intervalle de *sol* à *la* est d'un ton mineur, et celui de *la* à *si*, d'un ton majeur.

gamme diatonique se trouvent sollicités par l'effet que produit sur notre oreille le son qui les précède et qui n'en
est éloigné que d'un intervalle au grave ; effet qui lui a fait
donner le nom de sensible ascendante ou directe.

Le renversement de cette gamme diatonique $\left\{\begin{smallmatrix} 12, & 11, & 9, & 7. \\ ut, & si, & la, & sol. \\ 5, & 4, & 2, & 0, \\ fa, & mi, & ré, & ut, \end{smallmatrix}\right.$ produit un effet également satisfaisant pour l'oreille,
quoique les repos n'y soient pas appelés de la même ma-
nière, puisque c'est le second intervalle au-dessus qui fait
la fonction de sensible descendante ou inverse de la tonique.

Nous avons vu par la construction de la gamme chromatique que les consonnances *ut*, *mi*, *sol* ; *ut*, *fa*, *la* ; *ut*,
mi ♭, *la* ♭, en majeur d'*ut*, de *fa* et de *la* ♭ ; et celles *ut*,
mi ♭, *sol* ; *ut*, *fa*, *la* ♭ ; et *ut*, *mi*, *la* en mineur de *ut*, de
fa et de *la*, étaient parfaitement justes. Il est donc certain
que les gammes diatoniques exécutées en majeur ou en mineur sur ces divers tons satisferont convenablement l'o-
reille, parce que les repos des chants quelconques s'éta-
blissant généralement sur les consonnances des toniques,
leur justesse produira toujours un bon effet, quoique les
autres intervalles non-consonnans ne se trouvent pas distribués de la même manière que dans la gamme diatonique
d'*ut*.

En effet, dans la gamme diatonique,

$$\underset{\substack{fa, \ sol, \ la, \ si\,\flat\, ; \ ut, \ ré, \ mi, \ fa.}}{\frac{4}{3}, \ \frac{3}{2}, \ \frac{5}{3}, \ \frac{16}{9} ; \ 2, \ \frac{9}{4}, \ \frac{5}{2}, \ \frac{8}{3}.}$$

l'intervalle de *fa* à *ré* n'est pas le même que celui de *ut* à
la, qui lui correspond dans la gamme d'*ut* ; car $\frac{4}{3} \times \frac{5}{3} = \frac{20}{9}$
plus petit que $\frac{9}{4}$ de $\frac{1}{36}$.

Dans la gamme $\left\{\begin{smallmatrix} la\,\flat, & si\,\flat, & ut, & ré\,\flat\,; & mi\,\flat, & fa, & sol, & la\,\flat. \\ \frac{3}{5}, & \frac{8}{9}, & 1, & \frac{16}{15} ; & \frac{6}{5}, & \frac{4}{3}, & \frac{3}{2}, & \frac{8}{5}, \end{smallmatrix}\right.$ l'intervalle de *la* ♭ à *si* ♭ est un ton mineur représenté par $\frac{10}{9}$ plus petit que $\frac{9}{8}$ de $\frac{1}{72}$, etc.

Nous trouverons encore plusieurs mélodies consonnantes satisfaisantes, savoir : celles de *ré* ♭ et *sol*, en majeur ; et celles de *mi*, *si* ♭ et même *si*, en mineur, quoique sa première consonnance *fa* ♯ ne soit pas parfaitement juste.

Mais on ne trouvera point de consonnances parfaites en $\left\{{}^{ut\,\sharp}_{ré\,\sharp}\right\}$ mineur ; en *ré* majeur ou mineur ; en *mi* ♭ mineur ou majeur ; en *mi* majeur ; en *fa* ♯ ou *sol* ♭ majeur ou mineur ; en *sol* mineur ; en *sol* ♯ ou *la* ♭ mineur ; en *la* majeur ; en *si* ♭ majeur, ni en *si* majeur.

En effet, dans la consonnance $\left\{\overset{ut\,\sharp,}{\frac{16}{15}},\ \overset{mi,}{\frac{5}{4}},\ \overset{sol\,\sharp,}{\frac{8}{5}}\right.$ le troisième intervalle *mi* est trop grave de $\frac{3}{100}$. Dans la consonnance $\left\{\overset{ré,}{\frac{9}{8}},\ \overset{fa,}{\frac{4}{3}},\ \overset{la,}{\frac{5}{3}}\right.$ le troisième intervalle *fa* est trop grave de $\frac{1}{60}$, et le septième *la*, de $\frac{1}{48}$. Dans celle $\left\{\overset{ré,}{\frac{9}{8}},\ \overset{fa\,\sharp,}{\sqrt{2}},\ \overset{la,}{\frac{5}{3}}\right.$ on sait déjà que le quatrième intervalle *fa* ♯ est trop aigu de $\frac{1}{125}$. Dans la consonnance $\left\{\overset{mi\,\flat,}{\frac{6}{5}},\ \overset{sol\,\flat,}{\sqrt{2}},\ \overset{si\,\flat,}{\frac{16}{9}}\right.$ le troisième intervalle $\sqrt{2}$ est trop grave de $\frac{1}{33}$, et le septième $\frac{16}{9}$ de $\frac{1}{45}$; dans celle de *mi* ♭ majeur, le quatrième intervalle *sol* est juste. Dans la consonnance $\left\{\overset{mi,}{\frac{5}{4}},\ \overset{sol\,\sharp,}{\frac{8}{5}},\ \overset{si,}{\frac{15}{8}}\right.$ le quatrième intervalle $\frac{8}{5}$ est trop aigu de $\frac{3}{80}$; dans celle $\left\{\overset{sol,}{\frac{3}{2}},\ \overset{si\,\flat,}{\frac{16}{9}},\ \overset{ré,}{\frac{9}{4}}\right.$ le troisième intervalle $\frac{16}{9}$ est trop grave de $\frac{1}{45}$; dans celle $\left\{\overset{sol\,\sharp,}{\frac{8}{5}},\ \overset{si,}{\frac{15}{8}},\ \overset{ré\,\sharp,}{\frac{12}{5}}\right.$ le troisième intervalle $\frac{15}{8}$ est trop grave de $\frac{9}{200}$; dans celle $\left\{\overset{fa,}{\frac{5}{6}},\ \overset{ut\,\sharp,}{\frac{16}{15}},\ \overset{mi,}{\frac{5}{4}}\right.$ le quatrième intervalle $\frac{16}{15}$ est trop aigu de $\frac{1}{40}$; dans celle $\left\{\overset{si\,\flat,}{\frac{8}{9}},\ \overset{ré,}{\frac{9}{8}},\ \overset{fa,}{\frac{4}{3}}\right.$ le quatrième intervalle est trop aigu de $\frac{1}{72}$; dans celle $\left\{ \begin{smallmatrix} si, & r\acute{e}\sharp, & fa\sharp, \\ \frac{15}{16}, & \frac{6}{5}, & \sqrt{2} \end{smallmatrix} \right.$, le quatrième intervalle est trop aigu de $\frac{9}{320}$, et le septième de $\frac{1}{125}$. Enfin, dans les consonnances dont la tonique est le triton, ou le sixième intervalle $\sqrt{2}$, telles que $\left\{ \begin{smallmatrix} fa\sharp, & la, & ut\sharp. \\ \sqrt{2}, & \frac{5}{3}, & \frac{32}{15} \end{smallmatrix} \right.$, et $\left\{ \begin{smallmatrix} sol\flat, & si\flat, & r\acute{e}\flat, \\ \sqrt{2}, & \frac{10}{9}, & \frac{32}{15} \end{smallmatrix} \right.$, les septièmes intervalles sont trop aigus d'environ $\frac{1}{70}$, le troisième trop grave de $\frac{1}{33}$, et le quatrième trop aigu de $\frac{1}{100}$.

Il est évident que l'on éprouvera une sensation plus ou moins vive et désagréable lorsque l'on passera d'une mélodie parfaitement consonnante à une qui ne le sera pas ; que cette sensation aura un caractère de dureté lorsque les intervalles qui doivent être consonnans seront trop aigus ; un caractère de mollesse, si ces intervalles sont trop graves ; enfin, qu'il pourra y avoir de telles successions de mélodies que leur dureté forcera de proscrire, et telle serait sans doute la transition du ton de *ré, fa, la*, où les consonnances sont déjà un peu trop graves au ton de $\left\{ \begin{smallmatrix} sol\sharp, & si, & r\acute{e}\sharp. \\ la\flat & ut\flat, & mi\flat, \end{smallmatrix} \right.$ où la tierce mineure est trop grave de $\frac{1}{22}$ [1], sans compter ce qu'il y a de fâcheux dans une transition d'une modulation mineure à une autre de la même espèce, qui ne serait pas convenablement appelée.

N'est-il pas extrêmement vraisemblable, que c'est dans la recherche du caractère propre à chacune des vingt-quatre mélodies en majeur et en mineur, qui résultent des douze changemens de tonique qui peuvent être formés dans la gamme chromatique, que l'on trouvera le principe des effets dramatiques que l'on désire produire par la musique ? Les transitions les plus inattendues, quelle que soit la science

(1) Ou à celui de *fa* ♯, *la* ♯, *ut* ×, dont les consonnances sont trop aiguës.

employée à leur facture, ne pourront jamais produire parfaitement un effet proposé qu'autant que les mélodies aux-
quelles elles font parvenir auront le caractère dramatique
propre à cet effet. Les anciens, dont la musique bornée à
la seule mélodie a produit, assure-t-on, des effets si puis-
sans sur ses auditeurs, n'avaient pas autant de moyens que
nous de varier ses impressions; ils n'ont guère fait usage que
de l'échelle diatonique, dont les inversions ne produisaient
que leurs sept modes connus, et tout au plus quarante-deux
combinaisons de transitions; tandis qu'avec nos douze intervalles chromatiques et nos deux modes, nous comptons
cinq cent cinquante-deux combinaisons de transitions consonnantes possibles [1].

Nous osons exposer avec quelque confiance ces vues
fondées sur des principes dont on ne saurait contester la
pureté et l'exactitude. Nous invitons nos savans composi-
teurs à les méditer, et nos jeunes artistes à les mettre en
pratique. Nous avons eu le dessein, en publiant ces principes, de ramener la science musicale aux élémens les plus
simples et les plus évidens; à la nécessité de se renfermer
dans les combinaisons des sons, aux successions qui seules
peuvent plaire à l'oreille, et de ne s'en écarter que dans
quelques cas déterminés, pour produire des impressions
qui n'en seront alors que plus vives et plus puissantes.

---

[1] Il est possible que beaucoup de personnes ne trouvent qu'une minutie de recherche fort inutile ou fort peu importante dans ce qui nous paraît une délicatesse
exquise dans la variabilité de l'expression. Nous pensons toutefois que des expériences bien soigneuses et souvent répétées sur cet objet pourraient à la longue en
démontrer l'utilité.

CHAPITRE IV.

Du chant mesuré de diverses gammes.

Les sons, en se succédant, occupent des intervalles dans le temps ; l'oreille se plaît à un mouvement mesuré, cadencé, dans ces sons, à 2, 4, 8, 16, 32 temps, ou à 3, 6, 9, 12, 18, 24, 36 temps égaux et leurs multiples en progression double ; mais elle a de la peine à suivre un mouvement divisé en cinq temps, et à plus forte raison ceux qui seraient divisés en 7, 11, et autres nombres premiers et leurs multiples.

La succession des trois sons consonnans,

$$\left\{ \begin{array}{lll} ut, \; mi, \; sol; & mi, \; sol, \; ut; & sol, \; ut, \; mi \\ 0 \;\;\; 4, \;\;\; 7; & 0, \;\; 3, \;\; 8; & 0, \;\; 5, \;\; 9 \end{array} \right.$$ en majeur ;

$$\left\{ \begin{array}{lll} la, \; ut, \; mi: & ut, \; mi, \; la; & mi, \; la, \; ut \\ 0, \;\; 3, \;\; 7; & 0, \;\; 4, \;\; 9; & 0, \;\; 5, \;\; 8 \end{array} \right.$$ en mineur,

forme une mesure à trois temps, si chaque son se fait entendre pendant un temps égal en durée. La succession de ces mêmes consonnances, augmentée de l'octave aiguë de leur note grave,

$$\left\{ \begin{array}{lll} ut, \; mi, \; sol, \; ut; & mi, \; sol, \; ut, \; mi; & sol, \; ut, \; mi, \; sol \\ 0, \;\; 4, \;\; 7, \;\; 12; & 0, \;\; 3, \;\; 8, \;\; 12; & 0, \;\; 5, \;\; 9, \;\; 12 \end{array} \right.$$ etc.

formera pour chacune une mesure à quatre temps, ou deux mesures à deux temps[1].

(1) Les premières leçons d'un maître de musique devraient être uniquement de former leurs élèves à l'exécution de toutes ces consonnances, en temps diversement mesurés, de manière à ce qu'ils puissent exécuter sur-le-champ telle inversion d'une consonnance quelconque qui leur serait demandée. L'étude des gammes chromatiques et diatoniques ne doit être entreprise qu'après ces préliminaires.

La succession des intervalles chromatiques étant composée de treize sons, y compris l'octave de la note grave, on voit que l'on ne peut pas les chanter dans une mesure à temps égaux, à moins d'en supprimer un. De plus, en musique, comme en poésie, un repos, une césure sont exigés, qui ne troublent ni le chant, ni le sens, car le chant est une véritable phrase, qui a un sens, une expression, qui tirent leur caractère de la nature du son, qui forme le repos accidentel, comme de celui qui termine la phrase musicale.

Lorsqu'on produit une consonnance parfaite, telle que $\left\{ \begin{smallmatrix} ut, & mi, & sol \\ 0, & 4, & 7 \end{smallmatrix} \right.$, on sent que l'on peut s'arrêter sur chacun des sons qui la composent; mais la gamme chromatique contient cinq intervalles dissonans, et il importe dans un mouvement à douze temps, qui se divisent en deux, de porter le repos de la césure sur une consonnance. Or, l'ordre naturel indique le cinquième intervalle après la tonique; dès lors, en supprimant l'intervalle dissonant de triton, 6, on pourra chanter la gamme chromatique en douze temps, de la manière suivante:

$$0,\ 1,\ 2,\ 3,\ 4,\ 5;\ 7,\ 8,\ 9,\ 10,\ 11,\ 12^{1}.$$

Cependant, avant de faire exécuter une succession qui peut paraître trop diffficile pour des commençans, il sera à propos de les exercer à des gammes en six temps, qui ne se composent que de consonnances de la note grave, considérée comme tonique; il y en aura de quatre espèces, savoir:

---

(1) Il est inutile sans doute d'observer que toutes les successions ou gammes doivent être répétées en descendant de l'aigu au grave.

Nous n'emploierons souvent que les numéros des intervalles pour plus de simplicité.

o, 3, 5;   7, 8, 12.
o, 3, 5;   7, 9, 12.
o, 4, 5;   7, 8, 12.
o, 4, 5;   7, 9, 12.

On pourrait même commencer par une gamme encore plus simple, à quatre temps, et dont les deux hémistiches sont semblables :

o, 3;   9, 12.
o, 5;   7, 12.

La similitude de deux hémistiches, produisant un effet satisfaisant pour l'oreille, on voit qu'elle est le premier indice du principe d'imitation, d'après lequel la répétition d'un chant donné, à un intervalle de quinte ou de quarte, devient un moyen de charmer nos oreilles.

La première application de ce principe aux gammes précédentes donne naissance aux nouvelles gammes :

o, 3, 5; 7, 10, 12.
o, 4, 5; 7, 11, 12.
o, 1, 5; 7, 8, 12.
o, 2, 5; 7, 9, 12.

où se mêlent les dissonances 1, 2, 10 et 11 de la tonique[1].

Cherchons à présent à former d'après ces mêmes principes des chants de gammes à huit temps, puisque la suppression de quatre intervalles nous le permet. Il ne s'agit que d'en choisir quatre dans chaque hémistiche, qui puissent

---

(1) On pourra ajouter à ces combinaisons quelques autres encore, plus ou moins irrégulières, telles que :

0, 2, 4; 7, 9, 12. — 0, 2, 4; 7, 11, 12. — 0, 2, 3; 7, 11, 12.
0, 1, 3; 7, 11, 12.

former des repos analogues aux précédens. On voit d'abord que la succession des sons consonnans remplit le but,

$$0, 3, 4, 5; 7, 8, 9, 12.$$

et que le principe de la similitude peut la changer en :

$$0, 3, 4, 5; 7, 10, 11, 12 \text{ et } 0, 1, 2, 5; 7, 8, 9, 12.$$

Mais si l'on fait attention que les intervalles de 0 à 3, de 9 à 12, de 7 à 10 et de 2 à 5 sont trop grands relativement aux autres, on arrivera aux combinaisons :

$$0, 2, 4, 5; 7, 8, 10, 12.$$
$$0, 2, 4, 5; 7, 9, 11, 12.$$

dont la dernière forme précisément la gamme dite *diatonique* du mode majeur; parfaite à cause de la similitude de ses deux hémistiches, et à cause de l'influence des sons 4 et 11 qui, comme sensibles directes, appellent vivement les deux repos, l'un accidentel sur une première consonnance de la tonique, et l'autre définitif sur la tonique elle-même.

Mais bien d'autres combinaisons sont encore possibles, telles que 0, 1, 4, 5; 7, 8, 11, 12 : et les inversions de la gamme diatonique : 0, 2, 3, 5; 7, 9, 10, 12.

$$0, 1, 3, 5; 7, 8, 10, 12. — 0, 2, 4, 5; 7, 9, 10, 12.$$
$$— 0, 2, 4, 5; 7, 8, 10, 12.$$

dont la dernière, exécutée en descendant de l'aigu au grave, porte particulièrement le caractère du mode mineur, mais a besoin, dans la succession ascendante, de la substitution de la note sensible 11 à la septième mineure 10, pour déterminer le repos final sur la tonique 12.

Nous avons écarté les combinaisons qui auraient introduit le triton 6, comme intolérables pour l'oreille.

Maintenant en revenant à la gamme chromatique nous

remarquerons qu'il est facile de la parcourir en douze temps distribués quatre par quatre ; en sorte qu'on peut la considérer comme une mesure à trois temps, dont chacun se subdivise en quatre ; mais alors il est possible d'introduire le triton qui n'est plus placé au lieu de repos d'une césure. On aura donc les diverses gammes chromatiques suivantes :

$$0,\ 1,\ 2,\ 3;\ 4,\ 5,\ 6,\ 7;\ 9,\ 10,\ 11,\ 12.$$
$$0,\ 1,\ 2,\ 3;\ 4,\ 5,\ 7,\ 8;\ 9,\ 10,\ 11,\ 12.$$
$$0,\ 1,\ 2,\ 3;\ 5,\ 6,\ 7,\ 8;\ 9,\ 10,\ 11,\ 12.$$

et même plusieurs autres, qui en montant et en descendant, produisent des effets variés, suivant la nature des consonnances qui se trouvent placées aux points de repos.

On trouvera, d'après les mêmes procédés, des gammes chromatiques à neuf temps, ou formant trois mesures à trois temps, telles que celles qui suivent :

$$0,\ 2,\ 3;\ 5,\ 6,\ 7;\ 9,\ 11,\ 12.$$
$$0,\ 2,\ 3;\ 5,\ 7,\ 8;\ 9,\ 11,\ 12.$$
$$0,\ 2,\ 3;\ 4,\ 5,\ 7;\ 9,\ 11,\ 12.$$
$$0,\ 1,\ 3;\ 5,\ 7,\ 8;\ 10,\ 11,\ 12.$$
$$0,\ 2,\ 3;\ 4,\ 6,\ 7;\ 9,\ 11,\ 12.$$

On sentira facilement combien la pratique de toutes ces diverses gammes peut être utile pour former les élèves à toutes les intonations et à toutes les variétés de mesures.

CHAPITRE V.

Influences des divers amalgames ou diverses successions de sons.

Lorsque l'on forme la consonnance directe du premier ordre, $\left\{\begin{smallmatrix} ut \cdot \\ 0, \end{smallmatrix} \begin{smallmatrix} sol \\ 7 \end{smallmatrix}\right.$: ou l'inverse $\left\{\begin{smallmatrix} ut, \\ 12, \end{smallmatrix} \begin{smallmatrix} sol \\ 7 \end{smallmatrix}\right.$, on sent que l'influence de la note $\left\{\begin{smallmatrix} ut \\ 8 \end{smallmatrix}\right.$ ou $\begin{smallmatrix} ut \\ 12 \end{smallmatrix}$, est la plus puissante, et qu'elle exerce nécessairement la fonction de tonique. Cette sensation coïncide avec la loi des résonnances graves [1], qui donne deux *ut*, pour celles de cette consonnance. Mais le mode reste indéterminé, et l'on peut passer de l'un à l'autre, en employant alternativement le troisième son consonnant, qui est $\left\{\begin{smallmatrix} mi \\ 4 \end{smallmatrix}\right.$, ou $\begin{smallmatrix} mi \\ 3 \end{smallmatrix}\flat$ [2].

Lorsque l'on forme la consonnance inverse du premier ordre $\left\{\begin{smallmatrix} ut, \\ 0, \end{smallmatrix} \begin{smallmatrix} fa \\ 5 \end{smallmatrix}\right.$, ou la directe $\left\{\begin{smallmatrix} ut, \\ 12, \end{smallmatrix} \begin{smallmatrix} fa \\ 5 \end{smallmatrix}\right.$, on sent dominer au contraire la deuxième note $\left\{\begin{smallmatrix} fa \\ 5 \end{smallmatrix}\right.$ comme tonique, conformément à la même loi qui donne deux *fa* pour résonnances graves, et laisse aussi dans ce cas le mode indéterminé.

Si l'on forme une consonnance du second ordre, $\left\{\begin{smallmatrix} ut, \\ 0, \end{smallmatrix} \begin{smallmatrix} mi \\ 4 \end{smallmatrix}\right.$ et $\left\{\begin{smallmatrix} ut, \\ 12, \end{smallmatrix} \begin{smallmatrix} mi \\ 4 \end{smallmatrix}\right.$, ou bien $\left\{\begin{smallmatrix} mi, \\ 4, \end{smallmatrix} \begin{smallmatrix} ut \\ 12 \end{smallmatrix}\right.$ et $\left\{\begin{smallmatrix} mi, \\ 4, \end{smallmatrix} \begin{smallmatrix} ut \\ 0 \end{smallmatrix}\right.$, la loi des résonnances graves, qui ici détermine un *sol* additionnel, indique que la note *ut* est la tonique, et que le mode est majeur. Mais

(1) *Voy*. le tableau A.

(2) Les consonnances dont il est question ici peuvent être faites simultanément ou successivement.

la formation du mode mineur nous apprend que la consonnance $\left\{\begin{smallmatrix}ut, & mi,\\0, & 4,\end{smallmatrix}\right.$ peut être accompagnée de la note $\left\{\begin{smallmatrix}la,\\9,\end{smallmatrix}\right.$ qui alors devient la tonique de ce mode. C'est là l'origine de la relation constante qui existe entre les deux modes, et qui donne la faculté de passer agréablement de l'un à l'autre, en changeant de tonique.

D'autres circonstances se rencontrent dans l'expression de la consonnance de troisième ordre $\left\{\begin{smallmatrix}ut, & la,\\0, & 9,\end{smallmatrix}\right.$ ou $\left\{\begin{smallmatrix}ut, & la,\\12, & 9,\end{smallmatrix}\right.$ ou $\left\{\begin{smallmatrix}la, & ut,\\9, & 0,\end{smallmatrix}\right.$ et $\left\{\begin{smallmatrix}ut, & la\\9, & 12\end{smallmatrix}\right.$; car la loi des résonnances détermine ici un *fa*, qui devient tonique en majeur ; tandis que la formation du mode mineur, en ajoutant un $\left\{\begin{smallmatrix}mi,\\4,\end{smallmatrix}\right.$ à cette consonnance, détermine $\left\{\begin{smallmatrix}la,\\9,\end{smallmatrix}\right.$ comme tonique. On retrouve ici la relation déjà indiquée entre deux harmonies qui ont une consonnance commune.

Ces influences diverses entrent pour beaucoup dans les transitions qui ont lieu d'un ton et d'un mode à un autre mode et à un autre ton.

Mais il en existe encore d'autres, qui consistent dans la marche d'un son à telle consonnance ou à telle dissonance de ce son.

La marche de $\left\{\begin{smallmatrix}ut,\\0,\end{smallmatrix}\right.$ à sa première consonnance de premier ordre $\left\{\begin{smallmatrix}sol,\\7,\end{smallmatrix}\right.$ est semblable à un pas fait en avant pour sortir de l'état de repos ; tandis que la marche de ce même son $\left\{\begin{smallmatrix}ut,\\0,\end{smallmatrix}\right.$ à sa deuxième consonnance du premier ordre $\left\{\begin{smallmatrix}fa,\\6,\end{smallmatrix}\right.$ est un retour au repos final en *fa*, et l'on doit remarquer que ce *sol* ou ce *fa* seraient plus graves que l'*ut*, au lieu d'être plus aigus, sans que leur influence fût changée, quoiqu'il soit constant que, en général, la marche vers l'aigu est plus favorable au départ ou au début, et celle vers le grave plus convenable au retour du repos.

De même, la marche d'$\{\mathrm{ut}_0$ à $\{\mathrm{mi}\flat_3, \mathrm{mi}_4, \mathrm{la}\flat_8, \mathrm{la}_9$ est propre au début d'un chant, et la marche contraire à sa terminaison, particulièrement pour les intervalles les moins grands de tierces renversées.

Nous remarquerons qu'en général la marche d'$\{\mathrm{ut}_0$ à l'une de ses consonnances de deuxième et troisième ordre appelle toujours principalement la troisième consonnance en majeur ou en mineur, laquelle est plus aiguë, si la première est une tierce, et plus grave, si cette première est une sixte.

Maintenant nous arrivons aux dissonances. Si l'on marche d'$\{\mathrm{ut}_0$ à $\mathrm{ré}_2$ qui est la plus faible des dissonances, on éprouve le sentiment d'incertitude et d'embarras du début d'une phrase que l'on ne comprend pas, faute de relation avec un objet convenable. Dans ce chant, c'est le défaut d'une consonnance qui se fait sentir ; on désire, en conséquence, arriver à la consonnance la plus voisine d'ut, $\{\mathrm{mi}\flat_3$ ou $\{\mathrm{mi}_4$ et à son défaut, on se trouve porté à rétrograder sous cet ut.

Si l'on forme l'inversion de cette marche $\{\mathrm{ré}_2, \mathrm{ut}_{12}$ l'oreille ayant un sentiment plus profond des consonnances du son le plus grave, semble rechercher celle qui est le plus rapprochée de l'ut dissonant, et désigne par conséquent $\{\mathrm{si}_{11}$ comme consonnance salvatrice, dont la tonique est $\{\mathrm{sol}_7$ appelé aussi comme première consonnance d'$\{\mathrm{ut}_{12}$ ou de $\{\mathrm{ré}_2$. Si au contraire on forme la succession $\{\mathrm{ut}_{12}, \mathrm{ré}_2$ on sent que le retour immédiat à l'$\{\mathrm{ut}_0$ grave, est un moyen naturel de sauver la dissonance, par l'influence déjà reconnue à la marche de $\{\mathrm{ré}_2$ à ut_0.

La marche de $\{\mathrm{fa}_0$ à si_6 qui forme la dissonance de triton, fait désirer la consonnance du son grave, la plus rapprochée du $\left\{{si\atop 6}\right\}$ qui est $\left\{{ut\atop 7}\right\}$ et subsidiairement celle $\left\{{la\atop 4}\right\}$ pour former soit l'harmonie d'$\left\{{ut\atop 7}\right\}$ comme tonique en majeur, soit celle de $\left\{{la\atop 4}\right\}$ en mineur♯, soit enfin celle de $\left\{{fa\atop 0}\right\}$ en majeur♯. On doit ajouter que la note grave $\left\{{fa\atop 0}\right\}$ ayant à exercer son influence descendante sur le $\left\{{mi\flat\atop 10}\right\}$ plus grave, l'harmonie en $\left\{{ut\atop 7}\right\}$ mineur se trouve aussi appelée par cette dissonance.

La marche de $\left\{{si\atop 6}\right\}$ à $\left\{{fa\atop 12}\right\}$, agissant de la même manière, fait désirer l'harmonie en $\left\{{fa\sharp\atop 1}\right\}$ aussi dans les deux modes; ou celle en $\left\{{mi\flat\atop 10}\right\}$ mineur, et enfin celle en $\left\{{si\atop 6}\right\}$ majeur.

La marche de $\left\{{ut\atop 0}\right\}$ à $\left\{{si\atop 11}\right\}$, demande impérieusement l'*ut* aigu, et un peu moins directement la consonnance en $\left\{{la\atop 9}\right\}$ mineur. La marche de $\left\{{ut\atop 12}\right\}$ à $\left\{{si\atop 11}\right\}$, demande que l'on descende au $\left\{{la\atop 9}\right\}$ ou bien, mais moins directement, qu'on s'arrête sur ce *si*, soit comme consonnance de $\left\{{mi\atop 4}\right\}$ en mineur et majeur, soit comme tonique dans les deux modes. Enfin, la marche de $\left\{{si\atop 11}\right\}$ à $\left\{{ut\atop 12}\right\}$ détermine le repos sur *ut*[1].

D'après ces diverses influences des sons les uns sur les autres, une note quelconque, étant considérée comme tonique, sa quinte et sa quarte, ses premières consonnances, peuvent être appelées première et deuxième dominantes : ses tierces, influentes ascendantes ; ses sixtes, influentes, inverses ; sa seconde majeure, sensible inverse ; sa septième majeure, sensible directe ; sa septième mineure, appel de sixte ; son triton, variante ; et sa seconde mineure, sensible inverse indéterminée. Ces dénominations paraîtront sans doute plus exactes et plus significatives que quelques-unes de celles qui sont en usage, comme : *sous-dominante, médiante, sous-médiante*, etc.   (*Voy.* la note B.)

---

(1) Il n'a point été fait mention de la marche de $\left\{{si\atop 11}\right\}$ à $\left\{{ut\atop 0}\right\}$, comme vicieuse et à éviter. C'est, si l'on ose le dire, le braiment de l'âne.

APPENDICE.

Les cordes tendues sont les corps sonores les plus en usage, et leurs vibrations dans les sons aigus sont plus fréquentes, en même temps qu'elles ont une moindre amplitude: au contraire, dans les sons graves, ces vibrations sont moins fréquentes, mais elles ont une plus grande amplitude, et par cette raison les sons graves qui frappent notre oreille lui impriment une sensation plus pleine, plus forte et plus durable.

On peut remarquer encore que dans les sons graves, les cordes abandonnées à elles-mêmes font entendre distinctement leurs consonnances aiguës, tandis que dans des sons aigus, et formés par exemple par un nombre de trois mille vibrations par seconde, les cordes qui donneraient alors des consonnances à neuf mille et à quinze mille vibrations par seconde, ne produiraient en effet que des sifflemens extrêmement aigus et difficiles à entendre et à apprécier comme sons, puisque l'on a trouvé qu'au-delà de sept à huit mille vibrations par seconde, il n'y avait plus de sons proprement dits.

Les sons graves exercent donc une influence très grande sur les oreilles sensibles aux charmes de la mélodie, et lorsque l'accord parfait majeur se fera entendre dans un ordre tel que $\left\{\begin{smallmatrix} ut, & mi, & sol, & ut, \\ 0, & 4, & 7, & 12, \end{smallmatrix}\right.$ le son grave $\left\{\begin{smallmatrix} ut, \\ 0, \end{smallmatrix}\right.$ répétant lui-même ses consonnans harmoniques, l'oreille sera complètement satisfaite et éprouvera en même temps le calme du repos; mais si cet accord est formée dans l'ordre $\left\{\begin{smallmatrix} mi, & sol, & ut, & mi, \\ 0, & 3, & 8, & 12, \end{smallmatrix}\right.$ la note grave $\left\{\begin{smallmatrix} mi, \\ 0, \end{smallmatrix}\right.$ donnant naissance à ses consonnans harmoniques $\left\{\begin{smallmatrix} sol \\ 4 \end{smallmatrix}\right.$♯ et $\frac{si,}{7,}$

l'oreille n'éprouve plus cette même sensation d'ordre et de repos, et elle se trouve disposée à passer assez facilement à l'accord de $\left\{{}^{mi}_{0}\right.$ majeur, le $\left\{{}^{sol}_{3}\right.$ précédent devenant la sensible directe de sa tierce majeure $\left\{{}^{sol\,\sharp}_{4}\right.$ et l'$\left\{{}^{ut}_{8}\right.$ remplissant la fonction de sensible indéterminée du $\left\{{}^{si}_{1}\right.$ sa quinte. Cet effet est semblable, si une main formant sur un piano l'accord parfait majeur $\left\{{}^{ut,}_{0,}\ {}^{mi,}_{4,}\ {}^{sol,}_{7,}\ {}^{ut,}_{12,}\right.$ l'autre frappe au grave un autre $\left\{{}^{mi}_{4}\right.$.

Si l'on forme cet accord dans l'ordre $\left\{{}^{sol,}_{0,}\ {}^{ut,}_{5,}\ {}^{mi,}_{9,}\ {}^{sol,}_{12,}\right.$ ou si l'on fait entendre un *sol* au grave, les consonnans harmoniques $\left\{{}^{si}_{4}\right.$ et ${}^{ré}_{7}$ de ce *sol* contrarieront de la même manière la sensation de l'accord consonnant en $\left\{{}^{ut,}_{5,}\right.$ et porteront l'oreille très facilement à l'accord parfait, $\left\{{}^{sol,}_{0,}\ {}^{si,}_{4,}\ {}^{ré,}_{7,}\ {}^{sol,}_{12,}\right.$ le $\left\{{}^{ré}_{7,}\right.$ étant d'ailleurs appelé par sa sensible inverse $\left\{{}^{mi,}_{9,}\right.$ et le $\left\{{}^{si}_{4}\right.$ par sa sensible indéterminée $\left\{{}^{ut}_{5}\right.$.

Le type du mode mineur en *la*, étant *la, ut, mi, la,* on sent combien il est facile de lui faire succéder le mode majeur en *ut,* par la substitution du *sol* au *la*, ce dernier étant précisément sa sensible inverse, et même celui en *sol,* le *mi* étant la sensible inverse de sa quinte *ré,* et l'*ut* la sensible indéterminée de sa tierce majeure *si,* ou la sensible inverse de sa tierce mineure *si* ♭. Enfin les harmoniques naturels du *la* appelleront aussi l'accord parfait majeur en *la,* l'*ut* devenant alors la sensible directe de sa tierce majeure *ut* ♯; et si l'on donne seulement cette même fonction au *mi* de cet accord, on voit qu'il se changera immédiatement en celui de *la, ut, fa, la,* en majeur de *fa.*

Dans ces diverses modulations, on sent que le repos est complet sur la dernière consonnance, ce qui n'a pas toujours lieu dans les marches inverses, à cause de la nature moins parfaite du mode mineur.

Si l'on veut obtenir un repos complet sur une harmonie du mode mineur, en partant du mode majeur, il faut chercher une combinaison convenable des notes propres à exercer les fonctions de sensibles directes et inverses. Ainsi, par exemple, on ira avec facilité d'*ut*, *mi*, *sol* à *ut*, *fa*, *la* ♭, parce que *mi* et *sol*, sont les sensibles directes de *fa* et de *la* ♭; ou à *si* ♭, *ré*, *sol*, parce que *ut* et *mi* sont les sensibles inverses de *si* ♭ et *ré*; ou à *ut* ♯, *mi*, *sol* ♯, *ut* et *sol*, devenant les sensibles directes d'*ut* ♯ et *sol* ♯. On sent que la marche d'*ut*, *mi*, *sol*, à *si*, *mi*, *sol* ne fait point éprouver cette sensation de repos, et cela vient de ce que la note *si* n'est appelée que par une sensible indéterminée, *ut*.

On pourrait s'étendre davantage sur les considérations de ce genre qui doivent être appliquées à toutes les inversions des accords consonnans des deux modes, et dans tous les tons, ou plutôt dans tous les intervalles chromatiques; mais cette indication nous paraît suffisante, et nous en trouverons d'ailleurs presque toutes les applications dans les chapitres suivans.

CHAPITRE VI.

De la génération harmonique.

La mélodie est l'art de faire succéder des sons les uns aux autres, d'une manière qui soit agréable à l'oreille. L'harmonie est celui de rassembler des sons que l'on peut faire entendre à la fois, et qui forment ce qu'on nomme des accords, et de faire ensuite des successions d'accords qui accompagnent des mélodies.

Nous ne nous occuperons en ce moment que de la formation des accords.

Les réunions des sons consonnans forment les accords les plus naturels et les plus simples, et par conséquent l'harmonie la plus pure semble devoir être celle qui se compose d'accords consonnans se succédant les uns aux autres dans divers modes et dans divers tons, afin d'éviter la monotonie.

Mais on peut former des réunions de sons qui ne soient pas tous consonnans, et c'est là ce qui donne naissance aux accords dissonans. La nature elle-même nous indique généralement la manière de les former, mais c'est le goût seul, pris dans les convenances de notre oreille, qui nous apprend à les faire se succéder les uns aux autres, entremêlés d'accords consonnans des deux modes, nécessaires pour former le repos dont elle a besoin.

Deux sons consonnans étant donnés, la nature des consonnances parfaites indique toujours le troisième son nécessaire pour les compléter dans l'un ou l'autre mode. C'est ainsi que de la consonnance du premier ordre $\left\{ \frac{ut}{0}, \frac{fa}{5} \right\}$ ou $\left\{ \frac{fa}{5}, \frac{ut}{12} \right\}$ on peut former en mineur l'accord consonnant $\left\{ \frac{ut}{0}, \frac{fa}{5}, \frac{la\flat}{0} \right\}$; et en majeur celui $\left\{ \frac{ut}{0}, \frac{fa}{5}, \frac{la}{9} \right\}$; de la consonnance du deuxième ordre $\left\{ \frac{sol}{0}, \frac{si}{4} \right\}$ ou $\left\{ \frac{si}{4}, \frac{sol}{12} \right\}$ l'accord consonnant en majeur $\left\{ \frac{sol}{0}, \frac{si}{4}, \frac{ré}{7} \right\}$, ou en mineur $\left\{ \frac{sol}{0}, \frac{si}{4}, \frac{mi}{9} \right\}$; etc. Mais si l'on réunit deux sons non consonnans, tels que les intervalles $\left\{ \frac{ut}{0}, \frac{ré\flat}{1}; \frac{ut}{0}, \frac{ré}{2}; \frac{ut}{0}, \frac{fa\sharp}{6}; \frac{ut}{0}, \frac{si\flat}{10}; \frac{ut}{0}, \frac{si}{11} \right\}$; l'oreille est embarrassée de savoir quels sons peuvent leur être adjoints pour en sauver la dissonance, et conduire à la consonnance de repos. Les trois sons du plateau carré dans l'ordre $\left\{ \frac{ut}{0}, \frac{fa\sharp}{6}, \frac{la}{9} \right\}$ donnent seuls une indication de l'un des moyens de sauver le triton.

Les premiers accords dissonans qui aient été employés ont été dus vraisemblement à des combinaisons d'accords consonnans des deux modes, tels par exemple, que la réunion de l'harmonie majeure $\left\{ \frac{ut}{0}, \frac{mi}{4}, \frac{sol}{7} \right\}$ avec la mineure $\left\{ \frac{ut}{0}, \frac{mi}{4}, \frac{la}{9} \right\}$ formant l'harmonie mixte de sixte majeure en majeur $\left\{ \frac{ut}{0}, \frac{mi}{4}, \frac{sol}{7}, \frac{la}{9} \right\}$ ou bien avec la mineure, $\left\{ \frac{mi}{4}, \frac{sol}{7}, \frac{si}{11} \right\}$ formant l'accord mixte de septième majeure en majeur, $\left\{ \frac{ut}{0}, \frac{mi}{4}, \frac{sol}{7}, \frac{si}{11} \right\}$ ou bien encore avec la mineure $\left\{ \frac{ut}{0}, \frac{mi\flat}{3}, \frac{sol}{7} \right\}$ formant l'accord mixte de seconde superflue $\left\{ \frac{ut}{0}, \frac{ré\sharp}{3}, \frac{mi}{4}, \frac{sol}{7} \right\}$ ou plutôt $\left\{ \frac{mi}{0}, \frac{sol}{3}, \frac{ut}{8}, \frac{ré\sharp}{11} \right\}$.

D'autres accords dissonans ont été produits par la simple combinaison d'une consonnance parfaite, majeure ou mineure, avec une note dissonante quelconque, seconde, quarte, triton, sixte ou septième de la tonique. Nous les classerons encore avec les précédens sous le nom d'harmonies mixtes.

L'origine des autres accords dissonans a été jusqu'à présent fort difficile à expliquer et à comprendre. Mais on la trouve dans les résultats physiques des vibrations de deux sons qui se font entendre à la fois ; résultats consignés dans un ouvrage récent, sous le titre de : *Loi des doubles résonnances graves résultant de deux sons donnés*, et relatés dans le tableau A'.

Nous passerons sous silence, dans notre examen, les résultats des sons consonnans qui servent seulement de confirmation à la théorie des sons, et nous ne nous occuperons pas même, quant à présent, des numéros 1, 2, 3, 4, 10, 14, 16, 20, 21, 22, 23 et 24 de ce tableau qui désignent des amalgames de sons, que l'oreille ne pourrait supporter en cet état. Nous nous bornerons à l'examen des numéros 5, 6, 7, 12, 13 et 19, qui, par la similitude des numéros 6 et 12 ; 7 et 13, se réduisent à quatre combinaisons de sons.

1° L'accord numéro 5 résultant de la dissonance de seconde superflue *minima* $\left\{\begin{smallmatrix} ut, & ré\sharp, \\ 0, & 3, \end{smallmatrix}\right.$ 2 dans la forme $\left\{\begin{smallmatrix} mi, & la, & ut, & ré\sharp, \\ 0, & 5, & 8, & 11. \end{smallmatrix}\right.$ n'est autre chose qu'une inversion de celui $\left\{\begin{smallmatrix} la, & ut, & ré\sharp, & mi, \\ 0, & 3, & 6, & 7. \end{smallmatrix}\right.$ qui contient un triton joint à une consonnance parfaite en mineur. Nous le classerons par conséquent parmi les harmonies mixtes.

(1) Nous ferons observer ici que nous ne nous sommes point astreints à écrire conformément à l'ordre dit diatonique, et soit d'après leurs origines, ou leurs solutions, les accords dissonans tels que ceux de septième diminuée et de petite sixte superflue que nous nommons tritons simples, et tritons mixtes. Pour nous *ut*, $\begin{smallmatrix} ré\sharp, \\ mi\flat, \end{smallmatrix}$ $\begin{smallmatrix} fa\sharp. \\ sol\flat, \end{smallmatrix}$ *la*, dans l'ordre chromatique est constamment $\left\{\begin{smallmatrix} ut, & bé, & da, & la \\ 0, & 3, & 6, & 9 \end{smallmatrix}\right.$; *ut*, *ré*, $\begin{smallmatrix} fa\sharp. \\ sol\flat, \end{smallmatrix}$ $\begin{smallmatrix} sol\sharp, \\ la\flat, \end{smallmatrix}$ toujours $\left\{\begin{smallmatrix} ut, & ré, & da, & lé \\ 0, & 2, & 6, & 8 \end{smallmatrix}\right.$; et *ut*, *mi*, $\begin{smallmatrix} fa\sharp. \\ sol\flat, \end{smallmatrix}$ $\begin{smallmatrix} la\sharp. \\ si\flat, \end{smallmatrix}$ toujours $\left\{\begin{smallmatrix} ut, & mi, & da, & di. \\ 0, & 4, & 6, & 10. \end{smallmatrix}\right.$

(2) Nous l'appelons *minima*, parce que le rapport des deux sons générateurs *ut* et *ré*♯ est comme 7 : 8, plus petit que celui de 6 à 7 et de 192 à 225 des deux numéros suivans.

2° L'accord numéro 6, semblable à celui numéro 12, dans la forme $\{^{fa,\ la,\ ut,\ ré\sharp,}_{0,\ 4,\ 7,\ 10,}$ et provenant d'une part d'une *seconde superflue moyenne* $\{^{ut,\ ré\sharp,}_{7,\ 10,}$ [1] et de l'autre d'une quarte superflue $\{^{la,\ ré\sharp,}_{4,\ 10,}$ n'est autre chose que l'accord parfait majeur, accompagné d'une septième mineure. Nous devons par conséquent le classer à son rang parmi les harmonies mixtes.

3° L'accord numéro 7, semblable à celui numéro 13, $\{^{la,\ ut,\ ré\sharp,\ fa\sharp,}_{0,\ 3,\ 6,\ 9,}$ et provenant d'une part d'une *seconde superflue maxima* $\{^{ut,\ ré\sharp,}_{0,\ 3,}$ (192, 225), et de l'autre du triton exact $\{^{ut,}_{0,}$ $\{^{fa\sharp}_{sol\flat}_{6}$ (1 , $\sqrt{2}$), se compose d'une succession d'intervalles égaux soit tierces mineures, soit secondes superflues, qui n'est point susceptible de changer de forme par ses inversions. Cet accord est absolument dissonant, sans cependant trop choquer l'oreille. Nous le désignerons par *dissonance de triton simple*, et par le caractère *t* ou *T*.

4° L'accord numéro 19, $\{^{ré\flat,\ sol,\ si\flat,\ ut,\ la\sharp,}_{0,\ 6,\ 9,\ 11,}$ produit une vive dissonance, qui dans cet état n'est peut-être pas même usitée. Elle peut se rencontrer toutefois comme faisant partie de divers accords de suspension. Nous le nommerons d'après son origine (*ut*, *la* $\sharp$) dissonance de sixte superflue [2] et sa caractéristique sera 9 +.

Les inversions des accords ci-dessus désignés, sans changer la nature des dissonances, varient leur tendance

___

(1) Nous l'appelons moyenne, parce que le rapport de 6 à 7 qui la forme est intermédiaire entre $\frac{8}{7}$ et $\frac{225}{192}$.

(2) Dans le système qui aurait pour basse la succession chromatique, il faudrait l'appeler *neuvième* (intervalle) *superflu*.

aux consonnances salvatrices, à cause des influences des notes aiguës qui tendent en général à jouer le rôle de sensibles directes en se portant à l'aigu, et de celles toutes contraires des notes graves. Mais ce n'est pas encore le moment de nous occuper de cet objet ; nous n'avons en vue que de passer à l'examen de l'harmonie dissonante, qui peut résulter d'un triton considéré comme quinte diminuée, telle que $\left\{\begin{smallmatrix} ut, & sol\,\flat, \\ 0, & 6, \end{smallmatrix}\right.$ et de son inversion considérée comme $\left\{\begin{smallmatrix} fa\,\sharp, & ut, \\ 6, & 12, \end{smallmatrix}\right.$ qui est aussi une quinte diminuée.

Or, dans les deux résonnances graves de la quinte diminuée $\left\{\begin{smallmatrix} ut, & sol\,\flat, \\ 0, & 6, \end{smallmatrix}\right.$, (numéro 14 du tableau) la principale est un *ré* de $143\frac{9}{25}$ vibrations, l'autre étant un *la*$\sharp$ de 112 vibrations, qui se fait beaucoup moins entendre. De même dans l'autre quinte diminuée $\left\{\begin{smallmatrix} fa\,\sharp, & ut, \\ 6, & 12, \end{smallmatrix}\right.$ la principale résonnance serait un *sol* $\sharp$. En réunissant donc ce *ré* et ce *sol* $\sharp$ au double triton $\left\{\begin{smallmatrix} ut, & fa\,\sharp, & ut, \\ & sol\,\flat, & \\ 0, & 6, & 12, \end{smallmatrix}\right.$ on aura l'accord très dissonant, mais usité $\left\{\begin{smallmatrix} ut, & ré, & fa\,\sharp, & sol\,\sharp, & ut \\ 0, & 2, & 6, & 8, & 12 \end{smallmatrix}\right.$ que d'après son origine nous appellerons dissonance de triton mixte ; comme il peut prendre la forme $\left\{\begin{smallmatrix} ré, & sol\,\flat, & la\,\flat, & ut, & ré, \\ 0, & 4, & 6, & 10, & 12, \end{smallmatrix}\right.$ on distinguera le premier par le caractère *tt*, et le second par *тт*, (deux *t* renversés).

CLASSEMENT DES ACCORDS.

Nous avons fait remarquer ci-dessus dans les combinaisons des consonnances des deux modes entre eux et avec des sons dissonans, la formation des harmonies mixtes produisant les accords mixtes suivans, savoir :

Dans le mode mineur :

1   *ut, ré ♭, mi ♭, sol.* / 0, 1, 3, 7.
2   *ut, ré, mi ♭, sol.* / 0, 2, 3, 7.
3   *ut, mi ♭, mi, sol.* / 0, 3, 4, 7.
4   *ut, mi ♭, fa, sol.* / 0, 3, 5, 7.
5   *ut, mi ♭, fa ♯, sol.* / 0, 3, 6, 7.
6   *ut, mi ♭, sol, la ♭.* / 0, 3, 7, 8.
7   *ut, mi ♭, sol, la.* / 0, 3, 7, 9.
8   *ut, mi ♭, sol, si ♭.* / 0, 3, 7, 10.
9   *ut, mi ♭, sol, si.* / 0, 3, 7, 11.

Dans le mode majeur :

1   *ut, ré ♭, mi, sol.* / 0, 1, 4, 7.
2   *ut, ré, mi, sol.* / 0, 2, 4, 7.
3   *ut, ré ♯, mi, sol.* / 0, 3, 4, 7.
4   *ut, mi, fa, sol.* / 0, 4, 5, 7.
5   *ut, mi, fa ♯, sol.* / 0, 4, 6, 7.
6   *ut, mi, sol, la ♭.* / 0, 4, 7, 8.
7   *ut, mi, sol, la.* / 0, 4, 7, 9.
8   *ut, mi, sol, si ♭.* / 0, 4, 7, 10.
9   *ut, mi, sol, si.* / 0, 4, 7, 11.

Ces accords seront classés immédiatement après les consonnances parfaites, dans l'ordre indiqué, mais en supprimant ceux qui se confondent entre eux, et par leurs inversions. Tels sont ceux du numéro 3 des deux modes : le numéro 6 du mode mineur, inversion du numéro 9 du mode majeur [1]; et le numéro 8 du mode mineur, inversion du numéro 7 du mode majeur [2].

Toutefois nous ne classerons ainsi que les inversions de ces accords, qui permettront de séparer deux intervalles chromatiques consécutifs ; ainsi le numéro 1 du mode mineur ne sera classé que sous la forme *ré ♭, mi ♭, sol, ut* / 0, 2, 6, 11; le numéro 1 du mode majeur, que sous la forme *ré ♭, mi, sol, ut,* / 0, 3, 6, 11, etc.

Dans tous les cas, le numéro de l'intervalle dissonant servira à caractériser le type de la dissonance, et la note

____

(1) En effet *la ♭, ut, mi ♭, sol,* / 0, 4, 7, 11, est semblable à *ut, mi, sol, si* / 0, 4, 7, 11 et c'est l'inversion de *ut, mi ♭, sol, la ♭* / 9, 7, 11, 12.

(2) De même *mi ♭, sol, si ♭, ut,* / 0, 4, 7, 9, est semblable à *ut, mi, sol, la* / 0, 4, 7, 9; et c'est l'inversion de *ut, mi ♭, sol, si ♭* / 9, 0, 4, 7.

grave de l'accord, quelle que soit son inversion, achèvera la désignation, en la barrant, lorsqu'elle ne suffira pas, pour exprimer le mode mineur.

Cette méthode appliquée aux accords consonnans des deux modes donne, pour les désigner dans leurs trois inversions, les caractères 0 ; 4 ; 7 ; et 0̸, 3 ; 7̶.

Quant aux accords dissonans des harmonies mixtes :

La quinte de triton en majeur ou en mineur,
sera représentée par. . . . . $\frac{6,}{7,}$ ou $\frac{6;}{7;}$

La tierce de sixte mineure en majeur ou en
mineur, par. . . . . $\frac{8,}{4,}$ ou $\frac{8;}{3;}$

La quinte de sixte majeure en majeur ou en
mineur, par. . . . . $\frac{9,}{7,}$ ou $\frac{9;}{7;}$

La septième mineure en majeur et mineur,
par . . . . 10, et 10;

La septième majeure en majeur et mineur,
par . . . . 11, et 11;

(Voy. le tableau B, et la note C.)

Maintenant nous devons faire observer que la plupart des accords dissonans, proprement dits, que nous avons cités, savoir, ceux qui ont pour origine la quarte superflue, le triton simple et les tritons mixtes, peuvent être pratiqués avec une tonique appelée, ou même seulement avec une simple consonnance de cette tonique. Ainsi, par exemple, on a reconnu que l'accord de tonique de septième mineure, en majeur $\left\{ \begin{smallmatrix} ut, & mi, & sol, & si\,\flat. \\ 0, & 4, & 7, & 10. \end{smallmatrix} \right.$ pouvait être pratiqué avec l'addition des notes $\left\{ \begin{smallmatrix} fa \\ 5 \end{smallmatrix} \right.$; ou $\left\{ \begin{smallmatrix} la\,\flat \\ 8 \end{smallmatrix} \right.$; ou $\left\{ \begin{smallmatrix} si \\ 11 \end{smallmatrix} \right.$; en les plaçant dans l'ordre des inversions, $\left\{ \begin{smallmatrix} fa, & sol, & si\,\flat, & ut, & mi \\ 0, & 2, & 5, & 7, & 11 \end{smallmatrix} \right.$; $\left\{ \begin{smallmatrix} la\,\flat, & si\,\flat, & ut, & mi, & sol \\ 0, & 2, & 4, & 8, & 11 \end{smallmatrix} \right.$ et $\left\{ \begin{smallmatrix} si, & ut, & mi, & sol, & la\,\sharp, \\ 0, & 1, & 5, & 8, & 14, \end{smallmatrix} \right.$ qui toutes appellent les consonnances de leurs toniques placées au grave, mais la seconde plus particulièrement la tonique {fa; 9} en mineur [1].

Ces trois accords seront en conséquence nommés et chiffrés *quarte , sixte mineure et septième majeure de septième mineure en majeur* , 10;10;10 / 5; 8;11.

La dissonance de triton simple { ut, mi♭, fa♯, la, / 0, 3, 6, 9,} a la propriété de pouvoir être pratiquée avec l'un des intervalles chromatiques quelconque pris pour tonique. En conséquence, elle donne les deux combinaisons, o , 1 , 3 , 6 , 9, et o , 2 , 3 , 6 , 9 , que l'on écrit mieux et ordinairement dans l'ordre { ré♭, mi♭, sol♭, la, ut / 0, 2, 5, 8, 11} ; et { ré, mi♭, sol♭, la, ut / 0, 1, 4, 7, 10} , ou { ré, fa♯, la, ut, mi♭, / 0, 4, 7, 10, 13,} afin de placer la tonique au grave. Ces deux combinaisons peuvent être désignées d'après leur forme, sous le nom de *septième majeure et septième mineure de triton simple* et chiffrées i/11 et i/10.

Les dissonances de tritons mixtes { ut, ré, fa♯, sol♭, / 0, 2, 6, 8,} et { ré, fa♯, sol♯, ut, / 0, 4, 6, 10,} peuvent être pratiquées en ajoutant pour tonique l'un quelconque des intervalles qui sont précisément à un intervalle chromatique, ou à une seconde mineure au-dessous de chacune des notes qui la composent C'est ainsi que l'on forme les accords { si, ut, ré, fa♯, la♭; / 0, 1, 3, 7, 9;} { ut♯, ré, fa♯, sol♯, si♯; / 0, 1, 5, 7, 11;} { sol♭, la♭, ut, ré, fa; / 0, 2, 6, 8,11;} { sol, la♭, ut, ré, fa♯ / 0, 1, 5, 7, 11} , le premier inversion du troisième, et le second semblable au quatrième. On pourra chiffrer les trois premiers : 11/11 ; 11/11 et 11/11.

La dissonance de sixte superflue paraît praticable avec l'addition de la seconde majeure, la tierce mineure et la

---

(1) Nous observerons que lorsque l'on rencontre, comme dans les derniers accords, deux ou trois intervalles chromatiques consécutifs , il est indispensable de placer l'un des trois à une octave plus grave ou plus aiguë , un autre étant placé à la septième majeure de son plus voisin.

tierce majeure de sa note grave, ce qui produit trois nouvelles dissonances qui seront dénommées et chiffrées d'après les mêmes principes $\frac{9+}{2}$, $\frac{9+}{8}$ et $\frac{9+}{4}$.

Voy. le tableau B, qui contient tous les accords praticables dans la marche de l'harmonie. Ils sont classés dans l'ordre naturel suivant :

1º Harmonie consonnante en majeur, trois inversions 3

2º Harmonie consonnante en mineur, trois inversions. 3

3º Harmonies mixtes, mode majeur. 18

4º Harmonies mixtes, mode mineur. 10

5º Dissonances de triton simple. 3

6º Dissonances de tritons mixtes 5

7º Dissonances de sixte superflue 4

8º Accords irréguliers de suspension 8

Total 54

Nous n'avons pas cru devoir porter sur notre tableau les inversions autorisées de l'accord de septième majeure en majeur $\left\{\begin{smallmatrix} ut, & mi, & sol, & si \\ 0, & 4, & 7, & 11 \end{smallmatrix}\right.$; savoir $\left\{\begin{smallmatrix} mi, & sol, & si, & ut; & sol, & si, & ut, & mi, \\ 0, & 3, & 7, & 8; & 0, & 4, & 5, & 9, \end{smallmatrix}\right.$ et $\left\{\begin{smallmatrix} si, & ut, & mi, & sol, \\ 0, & 1, & 5, & 8, \end{smallmatrix}\right.$ parce qu'elles nous semblent choquantes pour l'oreille, mais nous ne prétendons pas interdire la faculté d'accompagner le type original, au grave, par l'une quelconque des notes qui le composent.

Nous ferons observer ici que les indications d'assemblages des sons à intervalles chromatiques et diatoniques consécutifs, jusqu'au nombre de trois pour les premiers et de quatre pour les seconds, tels qu'on les remarque dans les numéros 1, 2, 22, 23, 24, et dans ceux 3, 4, 10,

14, 16, 20 et 21 du tableau A, se rencontrent presqu'en totalité dans les accords du tableau B, numéros 40, 24, 22 et 50, en sorte que ces bizarres dissonances naturelles se trouvent sauvées par l'art, sans que ce soit aux dépens du goût.

CHAPITRE VII.

Des modulations consonnantes, c'est-à-dire, des successions des harmonies consonnantes.

Nous ne considérons point comme modulation le passage d'une harmonie consonnante d'une forme quelconque à l'une de ses inversions; nous remarquerons seulement que les diverses inversions d'une harmonie exercent des influences différentes sur les harmonies appelées à leur succéder, en raison de celles qui résultent des notes aiguës qui tendent à remplir la fonction de sensible directe, et des notes graves qui tendent à remplir celles de sensibles inverses ou indéterminées, ou de tierces mineures ou majeures renversées, ou de quintes et de quartes, ou enfin de nouvelles toniques.

Quand on fait l'accord parfait majeur dans sa primitive forme $\left\{\frac{ut}{0}, \frac{mi}{4}, \frac{sol}{7}\right.$, on peut donner à la note aiguë la fonction de note sensible directe d'une nouvelle tonique $\left\{\frac{la\flat}{8}\right.$, et passer par conséquent à la consonnance $\left\{\frac{ut}{0}, \frac{mi\flat}{3}, \frac{la\flat}{8}\right.$, en majeur de $\left\{\frac{la\flat}{8}\right.$, où la note $\left\{\frac{ut}{8}\right.$ remplit la fonction de deuxième consonnance, tierce majeure, ou sixte mineure renversée, et où $\left\{\frac{mi}{4}\right.$ a fait fonction de sensible indéterminée envers le $\left\{\frac{mi\flat}{3}\right.$. Si l'on avait seulement donné à la note $\left\{\frac{ut}{0}\right.$ la fonction de sensible indéterminée, on aurait formé l'accord parfait $\left\{\frac{si}{0}, \frac{mi}{5}, \frac{sol}{8}\right.$, en mineur de *mi;* et si on y avait ajouté la fonction de sensible directe au *sol*, on aurait formé l'accord en majeur de *mi*, $\left\{\begin{smallmatrix}si, & mi, & sol\sharp\\0, & 5, & 9\end{smallmatrix}\right\}$: enfin, si l'on donne la fonction de sensible inverse aux deux notes graves du premier accord, *ut* et *mi*, on parviendra à l'accord $\left\{\begin{smallmatrix}si\flat, & ré, & sol\\0, & 4, & 9\end{smallmatrix}\right\}$; ou bien si l'on ne donne à l'*ut* que la fonction de sensible indéterminée, on aura l'accord $\left\{\begin{smallmatrix}si, & ré, & sol\\0, & 3, & 8\end{smallmatrix}\right\}$; c'est-à-dire qu'on aura passé d'$\left\{\begin{smallmatrix}ut\\0\end{smallmatrix}\right.$ en $\left\{\begin{smallmatrix}sol\\7\end{smallmatrix}\right.$, majeur, ou mineur.

Si l'on part de la même harmonie dans l'ordre $\left\{\begin{smallmatrix}mi, & sol, & ut\\0, & 3, & 8\end{smallmatrix}\right\}$, en donnant à la note grave la fonction de quinte, on passera à l'harmonie de $\left\{\begin{smallmatrix}la\\7\end{smallmatrix}\right.$, en mineur, $\left\{\begin{smallmatrix}mi, & la, & ut\\0, & 6, & 8\end{smallmatrix}\right\}$; et si l'on y ajoute la fonction de sensible directe pour la note aiguë, on aura $\left\{\begin{smallmatrix}mi, & la, & ut\sharp\\0, & 5, & 9\end{smallmatrix}\right\}$, en *la* majeur; mais si l'on donne seulement à la note grave la fonction de sensible indéterminée, on obtiendra l'accord $\left\{\begin{smallmatrix}mi\flat, & sol, & ut\\0, & 4, & 9\end{smallmatrix}\right\}$, en *ut* mineur.

En considérant la note grave *mi* comme sensible inverse, on peut aussi arriver à l'harmonie du *ré*; en mineur d'abord, parce que *sol* jouera le rôle semblable pour *fa* appelé aussi par *mi* sa sensible directe, et parce que l'on peut décendre d'*ut* à *la* par une tierce mineure renversée; puis en majeur, parce que le *sol* aura seulement fait la fonction de sensible indéterminée.

Enfin, si l'on prend la troisième inversion de cette harmonie, $\left\{\begin{smallmatrix}sol, & ut, & mi\\0, & 5, & 9\end{smallmatrix}\right\}$, en donnant à la note grave et à l'aiguë leurs fonctions de sensibles inverse et directe, et à *ut* celle de quinte, on passera à l'harmonie en *fa* majeur $\left\{\begin{smallmatrix}fa, & la, & ut, & fa\\10, & 2, & 5, & 10\end{smallmatrix}\right\}$, et même à celle en mineur $\left\{\begin{smallmatrix}fa, & la\flat, & ut\\10, & 1, & 5\end{smallmatrix}\right\}$, le *sol* pouvant en même temps remplir la fonction de sensible directe.

Plusieurs autres successions peuvent encore avoir lieu d'une manière indirecte. Nous avons vu que l'on pouvait aller de l'harmonie de $\left\{\begin{smallmatrix}ut\\0\end{smallmatrix}\right.$ majeur à celle de $\left\{\begin{smallmatrix}ré\\2\end{smallmatrix}\right.$, aussi majeur.

La marche inverse de $\left\{{}^{ré}_{2}\right.$ est $\left\{{}^{ut}_{0}\right.$, et par conséquent d'$\left\{{}^{ut}_{0}\right.$ en $\left\{{}^{si\flat}_{10}\right.$ majeur peut avoir lieu, chacune des notes de l'harmonie de *ré* et *ut* jouant le rôle de sensible inverse relativement aux autres. Par analogie, on voit que l'on peut passer de l'harmonie d'$\left\{{}^{ut}_{0}\right.$ majeur à celle d'$\left\{{}^{ut\sharp}_{1}\right.$, aussi majeur, parce que toutes les notes de la première font alors fonctions de sensibles directes; et que la marche inverse de 1 à 0, en majeur, est aussi praticable; mais l'oreille ne permet pas de passer de l'harmonie en majeur de $\left\{{}^{ut}_{0}\right.$ à celle en mineur de $\left\{{}^{ut\sharp}_{1}\right.$; ni en mineur et majeur de $\left\{{}^{mi\flat}_{3}\right.$; ni en mineur et majeur de $\left\{{}^{fa\sharp}_{6}\right.$; ni en mineur de $\left\{{}^{la\flat}_{8}\right.$, parce qu'elle ne trouve dans ces transitions aucunes des circonstances influentes ci-dessus énoncées.

Si nous analysons d'une manière semblable les diverses formes de l'harmonie du mode mineur, nous trouverons que celle $\left\{{}^{ut,\,mi\flat,\,sol}_{0,\,3,\,7}\right.$ conduit directement à $\left\{{}^{ut,\,mi\flat,\,la\flat}_{0,\,3,\,8}\right.$ en $\left\{{}^{la\flat}_{8}\right.$ majeur, à $\left\{{}^{si\flat,\,mi\flat,\,sol}_{10,\,3,\,7}\right.$ en $\left\{{}^{mi\flat}_{3}\right.$ majeur; à $\left\{{}^{si\flat,\,ré,\,sol}_{10,\,2,\,7}\right.$, en $\left\{{}^{sol}_{7}\right.$ mineur; à $\left\{{}^{si,\,ré,\,sol}_{11,\,2,\,7}\right.$ en $\left\{{}^{sol}_{7}\right.$ majeur; à $\left\{{}^{ut,\,fa,\,la\flat}_{0,\,5,\,8}\right.$, en $\left\{{}^{fa}_{5}\right.$ mineur; que celle $\left\{{}^{mi\flat,\,sol,\,ut}_{3,\,7,\,12}\right.$ conduit encore à $\left\{{}^{ré,\,fa\sharp,\,la;\,ré\flat,\,fa,\,si\flat}_{2,\,6,\,9;\,1,\,5,\,10}\right.$ et $\left\{{}^{ré,\,fa,\,si\flat}_{2,\,5,\,10}\right.$, en $\left\{{}^{ré}_{2}\right.$ majeur, et $\left\{{}^{si\flat}_{10}\right.$ majeur et mineur; que celle $\left\{{}^{sol,\,ut,\,mi\flat}_{7,\,0,\,3}\right.$ conduit à $\left\{{}^{sol,\,ut,\,mi}_{7,\,0,\,4}\right.$, et que toute autre transition ne pourrait satisfaire l'oreille, les successions du mode mineur à des intervalles de seconde majeure ou mineure et de septième majeure ne lui convenant point comme celles du même genre dans le mode majeur, par la raison sans doute que l'harmonie du mode mineur n'est pas aussi parfaite que celle du mode majeur, attendu qu'elle ne se rencontre jamais dans la loi des résonnances graves.

Nous pouvons récapituler ce que nous venons de trouver en formant le tableau suivant des modulations praticables en harmonies consonnantes.

TABLEAU

DES MODULATIONS PRATICABLES EN HARMONIES CONSONNANTES.

du mode majeur — 4 au majeur de (9 modul.)

	ut	ut#	ré		mi	fa		sol	la♭	la	si♭	si
7	.	8	9	.	8	9	.	7	8	9	10	6
4	.	5	6	.	4	5	.	2	3	4	5	3
0	.	1	2	.	11	0	.	11	0	1	2	11

du mode majeur — 4 au mineur de (8 —)

	ut		ré		mi	fa		sol		la	si♭	si
7	7	.	9	.	7	8	.	7	.	9	10	6
4	3	.	5	.	4	5	.	2	.	4	5	2
0	0	.	2	.	11	0	.	10	.	0	1	11

du mode mineur — 3 au majeur de (8 —)

	ut	ut#	ré	mi♭		fa		sol	la♭		si♭	
7	7	8	9	7	.	9	.	7	8	.	10	.
3	4	5	6	3	.	5	.	2	3	.	5	.
0	0	1	2	10	.	0	.	11	0	.	2	.

du mode mineur — 3 au mineur de (3 —)

						fa		sol			si♭	
7	.	.	.	.	.	8	.	7	.	.	5	.
3	.	.	.	.	.	5	.	2	.	.	1	.
0	.	.	.	.	.	0	.	10	.	.	10	.

Total des modulations ou transitions consonnantes praticables. 28

CHAPITRE VIII.

Des solutions des dissonances, c'est-à-dire des harmonies consonnantes qui peuvent succéder aux dissonantes.

DE même que nous avons vu les harmonies mixtes, ou les dissonances de secondes, quartes, tritons, sixtes et septièmes, réunies à une harmonie consonnante, se former par l'addition de cette note dissonante, ainsi la suppression de cette note dissonante fait rentrer naturellement dans l'harmonie consonnante. Mais les diverses inversions de ces harmonies, lorsqu'elles en sont susceptibles, peuvent faire varier l'harmonie appelée à leur succéder, par la diversité de l'influence de notes placées tantôt au grave, tantôt à l'aigu.

Il en sera de même des accords essentiellement dissonans et dérivés du triton simple, des tritons mixtes, et de la sixte superflue, si toutefois on les reconnaît aussi susceptibles d'inversions.

Nous allons examiner successivement chacune des inversions de ces harmonies mixtes et dissonantes.

PREMIÈRE SECTION.

Harmonies mixtes du mode majeur.

1º Dissonance de seconde mineure en majeur $\begin{smallmatrix} ut, & ré♭, & mi, & sol \\ 0, & 1, & 4, & 7 \end{smallmatrix}$.
Elle n'est praticable que dans l'ordre $\begin{smallmatrix} ré♭, & mi, & sol, & ut \\ 0, & 3, & 6, & 11 \end{smallmatrix}$; et elle

forme ainsi un accord imparfait, mais qui peut être sauvé soit en revenant en *ut* majeur, soit en passant en $\{^{ut\,\sharp}_{ré\,\flat}$ majeur, et en $\{^{la\,\sharp}_{si\,\flat}$ mineur.

2° Dissonance de seconde majeure en majeur $\{^{ut,\ ré,\ mi,\ sol}_{0,\ 2,\ 4,\ 7}$.

Les différentes inversions de cet accord sont praticables et solubles toutes par l'harmonie consonnante qu'elle contient, mais elles ne produisent pas un bon effet. La plus tolérable est celle qui place la dissonance à l'aigu, $\{^{mi,\ sol,\ ut,\ ré}_{4,\ 7,\ 0,\ 2}$. On peut au surplus lui faire succéder aussi les harmonies de $\{^{mi}_{4}$; $\{^{fa}_{5}$; $\{^{sol}_{7}$ et $\{^{ré}_{2}$ dans les deux modes.

3° Dissonance de seconde superflue en majeur $\{^{ut,\ ré\sharp,\ mi,\ sol}_{0,\ 3,\ 4,\ 7}$.

Elle ne peut être pratiquée qu'en plaçant la note dissonante à l'aigu dans l'ordre $\{^{mi,\ sol,\ ut,\ ré\sharp}_{0,\ 3,\ 8,\ 11}$ où elle appelle vivement et uniquement la note $\{^{mi}_{0}$, soit comme tierce majeure d'*ut*, soit comme tonique elle-même en mineur et en majeur.

4° Dissonance de quarte en majeur $\{^{ut,\ mi,\ fa,\ sol}_{0,\ 4,\ 5,\ 7}$.

Elle n'est praticable que dans l'ordre $\{^{fa,\ sol,\ ut,\ mi}_{5,\ 7,\ 0,\ 4}$, où la quarte est placée au grave, et elle appelle alors $\{^{fa}_{5}$ comme tonique dans les deux modes.

5° Dissonance de triton en majeur $\{^{ut,\ mi,\ fa\sharp,\ sol}_{0,\ 4,\ 6,\ 7}$.

Elle n'est praticable que dans l'ordre $\{^{sol,\ ut,\ mi,\ fa\sharp}_{7,\ 0,\ 4,\ 6}$, où le triton est placé à l'aigu, et appelle *sol* soit comme quinte d'*ut*, soit même comme tonique en majeur.

6° Dissonance de sixte mineure en majeur $\{^{ut,\ mi,\ sol,\ la\flat}_{0,\ 4,\ 7,\ 8}$.

Elle n'est praticable que dans l'ordre $\{^{la\flat,\ ut,\ mi,\ sol}_{8,\ 0,\ 4,\ 7}$, où la sixte est placée au grave, et où *sol* appelle avec *mi* la note *fa* comme tonique en mineur, ces deux notes étant ses deux sensibles directe et inverse.

7° Dissonance de sixte majeure en majeur { $\begin{smallmatrix} ut, & mi, & sol, & la \\ 0, & 4, & 7, & 9 \end{smallmatrix}$.

Dans cette forme naturelle, on voit qu'elle tend également à se résoudre par l'harmonie d'*ut* majeur et de *la* mineur, qu'elle contient; qu'elle peut ensuite faire passer en { $\begin{smallmatrix} si\,\flat \\ 10 \end{smallmatrix}$ majeur en employant les influences d'*ut* et de *la* comme sensibles inverse et directe de la nouvelle tonique. Elle conduit encore en { $\begin{smallmatrix} sol \\ 7 \end{smallmatrix}$, dans les deux modes, *ut* et *mi* étant les sensibles inverses de *si* ♭ et de *ré*, et *ut* pouvant aussi jouer le rôle de sensible indéterminée envers le *si*.

Dans son inversion { $\begin{smallmatrix} mi, & sol, & la, & ut \\ 4, & 7, & 9, & 12 \end{smallmatrix}$ elle conduit en } $\begin{smallmatrix} ré \\ 2 \end{smallmatrix}$ mineur et majeur, par l'influence de *mi* comme sensible inverse, sur la nouvelle tonique, et celle de *sol*, semblable ou indéterminée sur sa tierce majeure ou mineure, *fa* ♯ ou *fa*.

Dans l'inversion { $\begin{smallmatrix} sol, & la, & ut, & mi \\ 7, & 9, & 0, & 4 \end{smallmatrix}$, elle conduit en { $\begin{smallmatrix} fa \\ 5 \end{smallmatrix}$ majeur et mineur; dans celle { $\begin{smallmatrix} la, & ut, & mi, & sol \\ 9, & 0, & 4, & 7 \end{smallmatrix}$, elle conduit immédiatement en { $\begin{smallmatrix} la \\ 9 \end{smallmatrix}$ mineur; toutefois, en considérant *sol* comme sensible directe et *la* comme indéterminée, elle conduit à l'harmonie { $\begin{smallmatrix} sol\,\sharp, & si, & mi \\ 8, & 11, & 4 \end{smallmatrix}$, en { $\begin{smallmatrix} mi \\ 4 \end{smallmatrix}$ majeur, et peut-être plus naturellement encore en mineur.

Enfin si dans le premier ordre { $\begin{smallmatrix} ut, & mi, & sol, & la \\ 0, & 4, & 7, & 9 \end{smallmatrix}$, on abaisse les trois premières notes d'un intervalle, ce que nous avons reconnu praticable dans une harmonie du mode majeur, on passera par cette influence à l'harmonie { $\begin{smallmatrix} si, & ré\,\sharp, & fa\,\sharp, & si \\ 11, & 3, & 6, & 11 \end{smallmatrix}$, en majeur de { $\begin{smallmatrix} si \\ 11 \end{smallmatrix}$.

8° Dissonance de septième mineure en majeur { $\begin{smallmatrix} ut, & mi, & sol, & si\,\flat \\ 0, & 4, & 7, & 10 \end{smallmatrix}$.

Dans cette forme naturelle, le retour à l'harmonie consonnante d'*ut* majeur est tout simple par la suppression de la septième mineure; mais si l'on donne à cette note *si* ♭ l'influence de *la* ♯ comme sensible directe de { $\begin{smallmatrix} si \\ 11 \end{smallmatrix}$, on passera facilement à l'harmonie de $\left\{\tfrac{mi}{4}\right\}$ en mineur, en conservant le *sol*, ou en majeur, en faisant le *sol* $\sharp$; ou bien on prendra $\left\{\tfrac{si}{11}\right\}$ lui-même comme tonique, en majeur ou en mineur.

Dans son inversion $\left\{\begin{smallmatrix}mi,\;sol,\;si,\;ut\\4,\;7,\;10,\;12\end{smallmatrix}\right\}$, elle conduit en $\left\{\tfrac{sol}{7}\right\}$ mineur, *mi* faisant fonction de sensible inverse pour la quinte *ré*, et en $\left\{\tfrac{sol}{7}\right\}$ majeur, $\left\{\begin{smallmatrix}si\,\flat\\la\,\sharp\end{smallmatrix}\right\}$ étant la sensible directe de sa tierce majeure *si*.

Dans son inversion $\left\{\begin{smallmatrix}sol,\;si\,\flat,\;ut,\;mi\\7,\;10,\;0,\;4\end{smallmatrix}\right\}$, elle conduit en $\left\{\tfrac{fa}{5}\right\}$ majeur ou mineur, par l'influence de *mi* et de *sol*, comme sensibles directe et inverse de cette tonique, et même en $\left\{\tfrac{si\,\flat}{10}\right\}$ la note *fa* pouvant être considérée comme quinte de cette autre tonique ; et comme *ut* est la sensible directe de $\left\{\tfrac{ré\,\flat}{1}\right\}$, on voit que l'harmonie mineure dans ce ton de $\left\{\tfrac{si\,\flat}{10}\right\}$ peut être appelée plus fortement encore que la majeure.

Dans son inversion $\left\{\begin{smallmatrix}si\,\flat,\;ut,\;mi,\;sol\\10,\;0,\;4,\;7\end{smallmatrix}\right\}$, elle conduit en $\left\{\tfrac{la\,\flat}{8}\right\}$ majeur, dont *sol* et *si* $\flat$ sont les sensibles directe et inverse ; mais en considérant *si* $\flat$ comme sensible indéterminée, elle conduit en $\left\{\tfrac{la}{9}\right\}$ majeur ou mineur, les notes *ut* et *mi* étant conservées, ou *ut* considéré comme sensible directe d'*ut* $\sharp$.

Nous ne parlerons pas des accords dérivés de cette dissonance par l'addition d'une note, soit tonique, soit consonnante d'une nouvelle tonique, toujours déterminée par cette note additionnelle.

9° Dissonance de septième majeure en majeur $\left\{\begin{smallmatrix}ut,\;mi,\;sol,\;si\\0,\;4,\;7,\;11\end{smallmatrix}\right\}$.

Elle ne peut être pratiquée que dans son ordre naturel, où elle appelle $\left\{\tfrac{ut}{0}\right\}$ comme tonique. Toutefois, elle peut aussi conduire en $\left\{\tfrac{mi}{4}\right\}$ mineur dont elle contient l'harmonie.

DEUXIÈME SECTION.

Harmonies mixtes du mode mineur.

1° Seconde mineure en mineur $\left\{\begin{smallmatrix} ut. & ré♭. & mi♭, & sol \\ 0, & 1, & 3, & 7 \end{smallmatrix}\right.$.

Elle ne peut être employée que dans la forme $\left\{\begin{smallmatrix} ré♭, & mi♭, & sol, & ut \\ 0, & 2, & 6, & 11 \end{smallmatrix}\right.$, et ne forme néanmoins qu'une dissonance imparfaite, non usitée, propre seulement à précéder celle de septième mineure en majeur $\left\{\begin{smallmatrix} ré♭, & mi♭, & sol, & si♭ \\ 0, & 2, & 6, & 9 \end{smallmatrix}\right.$, (numéro 20), ou à se confondre avec celles $\left\{\begin{smallmatrix} ut, & ré♭, & mi♭, & sol, & si♭ \\ 0, & 1, & 3, & 7, & 10 \end{smallmatrix}\right.$ $\left\{\begin{smallmatrix} ré♭, & mi♭, & sol, & si♭, & ut \\ 0, & 2, & 6, & 9, & 11 \end{smallmatrix}\right.$ $\left\{\begin{smallmatrix} ré♭, & mi♭, & sol, & la, & ut \\ 0, & 2, & 6, & 8, & 11 \end{smallmatrix}\right.$, etc. (numéros 23, 41, 44 du tableau B.)

2° Seconde majeure en mineur $\left\{\begin{smallmatrix} ut, & ré, & mi♭, & sol \\ 0, & 2, & 3, & 7 \end{smallmatrix}\right.$.

Elle n'est praticable que dans l'ordre $\left\{\begin{smallmatrix} mi♭, & sol, & ut, & ré \\ 3, & 7, & 0, & 2 \end{smallmatrix}\right.$, où la seconde est placée à l'aigu, et appelle $\left\{\begin{smallmatrix} mi♭ \\ 3 \end{smallmatrix}\right.$ comme tierce mineure de la tonique *ut*, ou comme tonique elle-même, en majeur, *ut* jouant alors le rôle de sensible inverse du *si* ♭, quinte de la nouvelle tonique.

3° Quarte en mineur $\left\{\begin{smallmatrix} ut, & mi♭, & fa, & sol \\ 0, & 3, & 5, & 7 \end{smallmatrix}\right.$.

Elle doit être formée préférablement dans l'ordre $\left\{\begin{smallmatrix} fa, & sol, & ut, & mi♭ \\ 5, & 7, & 0, & 3 \end{smallmatrix}\right.$ et $\left\{\begin{smallmatrix} sol, & ut, & mi♭, & fa \\ 7, & 0, & 3, & 5 \end{smallmatrix}\right.$, d'où, sans produire un effet trop satisfaisant, elle peut cependant conduire à la consonance $\left\{\begin{smallmatrix} sol, & si, & ré \\ 7, & 11, & 2 \end{smallmatrix}\right.$, en majeur de $\left\{\begin{smallmatrix} sol \\ 7 \end{smallmatrix}\right.$. On peut la considérer en général comme un accord imparfait qui peut précéder aussi l'accord de septième mineure en majeur, $\left\{\begin{smallmatrix} fa, & sol, & si, & ré \\ 5, & 7, & 11, & 2 \end{smallmatrix}\right.$, et fait partie d'un accord de suspension, tel que $\left\{\begin{smallmatrix} fa, & sol, & la♭, & ut, & mi♭ \\ 0, & 2, & 3, & 7, & 10 \end{smallmatrix}\right.$ (numéro 49).

4° Triton en mineur $\left\{\begin{smallmatrix} ut, & mi♭, & fa♯, & sol \\ 0, & 3, & 6, & 7 \end{smallmatrix}\right.$.

Il n'est praticable que dans l'ordre $\left\{\begin{smallmatrix} sol, & ut, & mi♭, & fa♯ \\ 7, & 0, & 3, & 6 \end{smallmatrix}\right.$ où le triton est placé à l'aigu, et appelle $\left\{\begin{smallmatrix} sol \\ 7 \end{smallmatrix}\right.$, soit comme quinte de la tonique $\left\{\begin{smallmatrix} ut \\ 0 \end{smallmatrix}\right.$, soit comme tonique en majeur, et moins directement en mineur, *ut* jouant le rôle de sensible inverse ou indéterminée pour la tierce *si* ou *si* ♭.

5° Sixte majeure en mineur $\left\{ \begin{smallmatrix} ut, & mi♭, & sol, & la \\ 0, & 3, & 7, & 9 \end{smallmatrix} \right.$.

Dans son ordre naturel elle conduit en $\left\{ \begin{smallmatrix} ré \\ 2 \end{smallmatrix} \right.$ dans les deux modes, dont *la* est la quinte, ou en $\left\{ \begin{smallmatrix} mi♭ \\ 3 \end{smallmatrix} \right.$ majeur, *la* et *ut* appelant *si* ♭ sa quinte, dont elles sont les sensibles directe et inverse ; enfin elle ramène en $\left\{ \begin{smallmatrix} ut \\ 0 \end{smallmatrix} \right.$ mineur.

Dans l'inversion $\left\{ \begin{smallmatrix} mi♭, & sol, & la, & ut \\ 3, & 7, & 9, & 12 \end{smallmatrix} \right.$, elle ne paraît pas pouvoir produire d'autre effet : mais dans celle $\left\{ \begin{smallmatrix} sol, & la, & ut, & mi♭ \\ 7, & 9, & 0, & 3 \end{smallmatrix} \right.$ elle conduit en $\left\{ \begin{smallmatrix} mi \\ 4 \end{smallmatrix} \right.$ mineur dont $\left\{ \begin{smallmatrix} mi \\ ré♯ \end{smallmatrix} \right.$ est la sensible directe ; et si le *sol* est considéré aussi comme sensible directe, l'harmonie de $\left\{ \begin{smallmatrix} mi \\ 4 \end{smallmatrix} \right.$ en majeur lui succédera très bien. Enfin, dans l'inversion $\left\{ \begin{smallmatrix} la, & ut, & mi♭, & sol \\ 9, & 0, & 3, & 7 \end{smallmatrix} \right.$, elle conduit en $\left\{ \begin{smallmatrix} fa \\ 5 \end{smallmatrix} \right.$ majeur dont *sol* est la sensible inverse, ou bien en $\left\{ \begin{smallmatrix} si♭ \\ 10 \end{smallmatrix} \right.$, dont *la* est la sensible directe et *ut* la sensible inverse.

6° Septième majeure en mineur $\left\{ \begin{smallmatrix} ut, & mi♭, & sol, & si \\ 0, & 3, & 7, & 11 \end{smallmatrix} \right.$ [2].

Elle n'est praticable que dans son ordre naturel, où elle appelle impérieusement $\left\{ \begin{smallmatrix} ut \\ 0 \end{smallmatrix} \right.$ comme tonique, en mineur comme en majeur.

TROISIÈME SECTION.

Dissonance de triton simple.

La dissonnance primitive $\left\{ \begin{smallmatrix} ut, & mi♭, & fa♯, & la \\ 0, & 3, & 6, & 9 \end{smallmatrix} \right.$ a, comme il a déjà été observé, la faculté de pouvoir être suivie de toutes les harmonies en majeur ayant pour tonique chacune des

---

(1) La sixte mineure en mineur n'est qu'une inversion de la septième majeure en majeur.

(2) La septième mineure en mineur est une inversion de la sixte majeure en majeur.

notes de l'échelle chromatique ; et en mineur de celles qui ont pour toniques , d'abord , l'une même des notes de la dissonance , et ensuite celles dont chacune d'elles peut être considérée comme la sensible directe ou inverse : c'est-à-dire relativement au type donné , les notes

$$\left\{ {0.\ 1.\ 3.\ 4.\ 6.\ 7.\ 9.\ 10 \atop \mathit{ut,\ ut}\,\sharp\ \mathit{re}\,\flat,\ \mathit{mi,\ fa}\,\sharp\ \mathit{sol,\ la,\ la}\,\sharp} \right.$$

Si l'on prend, par exemple, pour tonique $\left\{{}^{mi}_{3}\flat\right\}$; sa tierce mineure $\left\{{}^{sol}_{6}\flat\right\}$ se trouve comprise dans son harmonie mineure , ou devient la sensible directe de sa tierce majeure *sol*, comme $\left\{{}^{la}_{9}\right\}$ et $\left\{{}^{ut}_{0}\right\}$ sont les sensibles directe et inverse de sa quinte $\left\{{}^{si}_{10}\flat\right\}$.

Si l'on prend $\left\{{}^{re}_{1}\flat\right\}$ pour tonique , $\left\{{}^{fa}_{4}\flat\right\}$ ou *mi*, dont *mi* ♭ est la sensible directe , sera sa tierce mineure , comme $\left\{{}^{sol}_{6}\flat\right\}$ est sa sensible inverse : $\left\{{}^{la}_{8}\flat\right\}$, sa quinte, sera appelé par sa sensible indéterminée $\left\{{}^{la}_{9}\right\}$. En majeur , la tierce majeure $\left\{{}^{fa}_{5}\right\}$ se trouvera aussi appelée par sa sensible indéterminée $\left\{{}^{sol}_{6}\flat\right\}$.

Mais si l'on prend $\left\{{}^{re}_{2}\right\}$ pour tonique , $\left\{{}^{fa}_{6}\sharp\right\}$, sa tierce majeure et $\left\{{}^{la}_{9}\right\}$, sa quinte, se trouvent bien dans la dissonance, et la transition à ce mode majeur est très naturelle , tandis que la diminution de la tierce majeure $\left\{{}^{fa}_{6}\sharp\right\}$ à la tierce mineure $\left\{{}^{fa}_{5}\right\}$ ne saurait être supportée.

On voit qu'en suivant le même raisonnemont à l'égard des autres notes de l'échelle chromatique placées au grave et prises alternativement pour toniques, on obtiendra la preuve de ce qui a été énoncé dans le premier paragraphe de cette section.

Nous ne parlerons pas des accords dérivés de cette dissonance par l'addition d'une tonique ou d'une consonnance d'une tonique quelconque, qui se trouve toujours déterminée par cette note additionnelle.

QUATRIÈME SECTION.

Dissonance de tritons mixtes.

Dans sa première forme { ut, ré. fa♯; la.♭ / 0, 2; 6. 8, }, cette dissonance conduit en { ut / 0 } majeur ou mineur, { ré / 2 } étant la sensible directe de *mi* ♭ sa tierce mineure ; { fa♯ / 6 } celle de *sol* sa quinte, et { la♭ / 8 } sa sensible indéterminée ; en employant l'influence de *la* ♭ comme sensible directe, elle conduit en { ré / 2 } majeur dont *la* est la quinte, et *fa* ♯ la tierce. Enfin, en employant l'influence d'*ut* comme sensible indéterminée ou inverse, elle conduit en { sol / 7 } majeur ou mineur dont *fa* ♯ est la sensible directe.

Dans son inversion semblable { fa♯, sol♯, ut, ré / 6. 8, 0, 2 }, elle conduit par conséquent en { fa♯ / 6 }, majeur ou mineur ; en { sol♯ / 8 } ou { la♭ / 8 } majeur, et en { ut♯ / 1 } ou ré♭ / 1 } majeur et mineur.

Dans ses autres inversions { ré, fa♯, la♭, ut / 2, 6, 8, 12 }, et la♭, ut, ré, fa♯ / 8, 0, 2, 6 }, elle ne produit point d'autres effets.

Il est inutile de parler des accords dérivés de cette dissonance par l'addition d'une tonique ou consonnante, qui détermine nécessairement l'harmonie salvatrice.

CINQUIÈME SECTION.

Dissonance de sixte superflue.

Dans sa forme unique { ut, fa♯, la, si / 0, 6, 9, 11 }, comme dans les accords qui en dérivent par l'addition de la seconde majeure { ré / 2 } ou des deux tierces { mi♭ / 3 } et { mi / 4 } de sa note grave, l'harmonie de cette note grave semble toujours nécessairement appelée.

Cependant, dans le premier cas, elle conduit aussi en $\{^{7}_{2}$ majeur.

On voit que cette dissonance se combine avec celle $\{^{ut,\ ré,\ fa\sharp,\ la}_{0,\ 2,\ 6,\ 9}$ de septième mineure en majeur, $\{^{ut,\ ré,\ fa\sharp,\ si}_{0,\ 2,\ 6,\ 11}$, de seconde mineure en mineur, $\{^{ut,\ mi,\ la,\ si}_{0,\ 4,\ 9,\ 11}$ de tierce de seconde majeure en mineur, et $\{^{ut,\ mi,\ fa\sharp,\ la}_{0,\ 4,\ 6,\ 9}$ de tierce de sixte majeure en mineur (numéros 20, 26, 27 et 31 du tableau B.)

Quant aux accords de suspension, ils ont tous leur tonique déterminée.

En récapitulant ce que nous venons d'analyser, nous formerons le tableau suivant des solutions des dissonances.

TABLEAU.

DES SOLUTIONS DES DISSONANCES.

Harmonies mixtes du mode majeur. — **Numéros des intervalles chromatiques des consonnances salvatrices.**

		0	1	2	3	4	5	6	7	8	9	10	11	
1° de la diss. de sec. min. en majeur. {0, 1, 4, 7,}	maj.	*ut*	*ut♯/ré♭*											2
	min.											*si♭*		1
2° de la diss. de sec. maj. en majeur. {*ut, ré, mi, sol,* / 0, 2, 4, 7.}	maj.	*ut*				*mi*	*fa*		*sol*					4
	min.					*mi*	*fa*		*sol*					3
3° de la disson. de sec. superflue en maj. {*ut, ré♯, mi, sol,* / 0, 3, 4, 7,}	maj.	*ut*				*mi*								2
	min.					*mi*								1
4° de la dissonance de quarte en maj. {*ut, mi, fa, sol,* / 0, 4, 5, 7,}	maj.	*ut*					*fa*							2
	min.						*fa*							1
5° de la disson. de triton en majeur. {*ut, mi, fa♯, sol,* / 0, 4, 6, 7,}	maj.	*ut*							*sol*					2
	min.													0
6° de la diss. de sixte mineur en maj. {*ut, mi, sol, la♭,* / 0, 4, 7, 8,}	maj.	*ut*												1
	min.						*fa*							1
7° de la diss. de sixte maj. en majeur. {*ut, mi, sol, la,* / 0, 4, 7, 9,}	maj.	*ut*		*ré*		*mi*	*fa*		*sol*			{*la♭/si♭*}	*si*	7
	min.			*ré*		*mi*	*fa*		*sol*		*la*			5
8° de la diss. de sept. mineure en maj. {*ut, mi, sol, si♭,* / 0, 4, 7, 10,}	maj.	*ut*	*ut♯/ré♭*			*mi*	*fa*		*sol*	*sol♯/la♭*	*la*	*la♯/si♭*	*si*	9
	min.					*mi*	*fa*		*sol*		*la*	*la♯/si♭*	*si*	6
9° de la diss. de sept. majeure en maj. {*ut, mi, sol, si,* / 0, 4, 7, 11,}	maj.	*ut*												1
	min.					*mi*								1

(Suite du tableau.)

Harmonies mixtes du mode mineur.   **Numéros des intervalles chromatiques des consonnances salvatrices.**

report. . . 49

		0	1	2	3	4	5	6	7	8	9	10	11	
10° de la diss. de sec. mineure en min. {ut, ré♭, mi♭, sol / 0, 1, 3, 7}	maj.													0
	min.	ut												1
11° De la diss. de sec. maj. en mineur. {ut, ré, mi♭, sol / 0, 2, 3, 7}	maj.				ré♯/mi♭									1
	min.	ut												1
12° De la dissonance de quarte en min. {ut, mi♭, fa, sol / 0, 3, 5, 7}	maj.								sol					1
	min.	ut												1
13° De la dissonn. de triton en min. {ut, mi♭, fa♯, sol / 0, 3, 6, 7}	maj.								sol					1
	min.	ut							sol					2
14° De la diss. de sixte majeure en min. {ut, mi♭, sol, la / 0, 3, 7, 9}	maj.			ré	ré♯/mi♭	mi	fa					la♯/si♭		5
	min.	ut		ré		mi								3
15° De la diss. de sept. maj. en mineur. {ut, mi♭, sol, si / 0, 3, 7, 11}	maj.	ut												1
	min.	ut												1

Harmonies dissonantes.

		0	1	2	3	4	5	6	7	8	9	10	11	
16° De la dissonance de triton simple. {ut, mi♭, fa♯, la / 0, 3, 6, 9}	maj.	ut	ut♯/ré♭	ré	ré♯/mi♭	mi	fa	fa♯/sol♭	sol	sol♯/la♭	la	la♯/si♭	si	12
	min.	ut	ut♯		ré♯	mi		fa♯	sol		la	la♯		8
17° De la dissonance de tritons mixtes. {ut, ré, fa♯, la♭ / 0, 2, 6, 8}	maj.	ut	ut♯/ré♭	ré				fa♯/sol♭	sol	sol♯/la♭				6
	min.	ut	ut♯					fa♯	sol					4
18° De la dissonance de sixte superflue. {ut, fa♯, la, si / 0, 6, 9, 11}	maj.	ut		ré										2
	min.	ut												1

Total général. . . 100

On voit par ce tableau que l'accord dissonant le plus riche en solutions est celui de triton simple, qui en a 12 en majeur et 8 en mineur. Ensuite vient celui de septième mineure en majeur qui en a 9 en majeur et 6 en mineur : puis celui de sixte majeure en majeur, qui en a 7 en majeur et 4 en mineur ; puis celui de tritons mixtes qui en a 6 en majeur et 4 en mineur : puis celui de sixte majeure en mineur qui en a 5 en majeur et 3 en mineur, etc.

On observera que les transitions les plus éloignées de la marche naturelle, et qui consistent à passer d'un ton à un autre, à intervalle de triton, de septième majeure ou de seconde mineure, peuvent s'exécuter seulement par le moyen des dissonances de triton simple ou de tritons mixtes, et dans quelques cas, pour les derniers intervalles, par la dissonance de septième mineure en majeur, et celle de sixte majeure en majeur.

CHAPITRE IX.

Des combinaisons des accords dissonans entre eux.

LES accords dissonans qui contiennent une septième majeure, et ne sont que des suspensions de l'harmonie de la tonique appelée, ne sont pas susceptibles d'être suivis d'autres accords dissonans. Tels sont ceux des harmonies mixtes de seconde mineure en majeur et mineur, de seconde superflue, de quarte, de triton, de septième majeure, de sixte mineure en majeur; ceux de seconde majeure, de triton, de septième majeure en mineur; ceux de septième mineure en majeur avec notes additionnelles; ceux de triton simple et de tritons mixtes, avec notes additionnelles, et enfin ceux de sixte superflue. Mais ceux de sixte majeure en majeur et mineur, de septième mineure en majeur (simples), de triton simple et de tritons mixtes, dans leurs types primitifs et leurs inversions, peuvent dans beaucoup de cas se succéder les uns aux autres, quelquefois par des changemens absolus de toutes leurs notes, mais le plus souvent par des substitutions d'une ou de plusieurs de ces notes, et par des diminutions ou augmentations de leurs intervalles, dont l'influence comme notes sensibles suffit pour la transmutation des accords.

Nous allons examiner successivement les transmutations possibles d'un accord dissonant de ces derniers genres, d'abord avec lui-même, et successivement avec tous les autres quelconque.

Combinaisons de la sixte majeure en majeur, {ut, mi, sol, la / 0, 4, 7, 9}.

1º Avec elle-même.

De son type primitif, on peut passer à son inversion[1] {ut, ré, fa, la / 7, 9, 0, 4} à un intervalle de quarte et à celle {si, ré, mi, sol / 4, 7, 9, 0} à l'intervalle de quinte. Toute autre combinaison paraît vicieuse.

2º Avec la sixte majeure en mineur.

Par la diminution de sa tierce, on passera au type de cette dernière {ut, mi♭, sol, la / 0, 3, 7, 9}, mais on pourra aussi passer à la même à l'intervalle de quarte, {ut, ré, fa, la♭ / 7, 9, 0, 3}; à l'intervalle de quinte {ré, mi, sol, si♭ / 7, 9, 0, 3}; à celui de seconde majeure {si, ré, fa, la / 9, 0, 3, 7}, et à celui de sixte majeure {ut, mi, fa♯, la / 3, 7, 9, 0}.

3º Avec la septième mineure en majeur.

On voit que l'augmentation de la sixte conduit naturellement au type {ut, mi, sol, si♭ / 0, 4, 7, 10} de cette dernière. Mais on peut aussi aller à cette même dissonance aux intervalles de seconde majeure {ut, ré, fa♯, la / 10, 0, 4, 7}; de tierce majeure {ré, mi, sol♯, si / 10, 0, 4, 7}; de quinte, {ré, fa, sol, si / 7, 10, 0, 4}; de sixte majeure, {ut♯, mi, sol, la / 4, 7, 10, 0}; et de septième majeure {si, ré♯, fa♯, la / 0, 4, 7, 10}.

4º Avec la septième majeure en majeur et en mineur.

On peut aller à cette dissonance, en partant du type primitif {ut, mi, sol, la / 0, 4, 7, 9}, dans les tons d'{ut; ré; mi; la; si / 0; 2; 4; 9; 11}, en employant les inversions convenables : comme de {mi, sol, la, ut / 4, 7, 9, 0} à {mi, sol, si, ré♯ / 0, 3, 7, 11} et à {mi, sol♯, si, ré♯ / 0, 4, 7, 11}. Toutefois la transition en mineur d'{ut / 0} doit en être exceptée.

---

(1) Dans les transmutations nous conservons aux notes des divers accords les chiffres des types primitifs, afin de les mieux faire connaitre.

5° Avec la dissonance de triton simple.

On passe de la sixte majeure en majeur à cette dissonance à tous les intervalles chromatiques quelconques : car de $\left\{\begin{smallmatrix}ut,& mi,& sol,& la\\ 0,& 4,& 7,& 9\end{smallmatrix}\right.$ on va à $\left\{\begin{smallmatrix}ut,& mi\flat,& fa\sharp,& la\\ 0,& 3,& 6,& 9\end{smallmatrix}\right.$ en abaissant d'un intervalle les notes *mi, sol :* ou à $\left\{\begin{smallmatrix}ut\sharp,& mi,& sol,& si\flat\\ 1,& 4,& 7,& 10\end{smallmatrix}\right.$, en élevant d'autant les notes *ut, la ;* ou à $\left\{\begin{smallmatrix}ré,& la,& la\flat,& si\\ 2,& 5,& 8,& 11\end{smallmatrix}\right.$, en abaissant les notes *mi, sol* de deux intervalles, et celles *ut, la* d'un seul.

6° Avec la dissonance de tritons mixtes.

Si en partant de $\left\{\begin{smallmatrix}ut,& mi,& sol,& la\\ 0,& 4,& 7,& 9\end{smallmatrix}\right.$, l'on élève la note *la* d'un intervalle, et si l'on abaisse d'autant la note *sol*, on arrive sans inconvénient à cette dissonance dans son second type $\left\{\begin{smallmatrix}ut,& mi,& fa\sharp,& la\sharp\\ 0,& 4,& 6,& 10\end{smallmatrix}\right.$. Si au contraire on élève d'un intervalle la première note *ut*, en abaissant la seconde d'autant, on parvient à un accord du premier type $\left\{\begin{smallmatrix}ut\sharp,& mi\flat,& sol,& la\\ 0,& 2,& 6,& 8\end{smallmatrix}\right.$. Enfin par des modifications analogues on parviendra aux accords $\left\{\begin{smallmatrix}ut,& ré,& fa\sharp,& la\flat\\ 0,& 2,& 6,& 8\end{smallmatrix}\right.$; $\left\{\begin{smallmatrix}si,& ré\sharp,& fa,& la\\ 0,& 4,& 6,& 10\end{smallmatrix}\right.$; $\left\{\begin{smallmatrix}si,& ut\sharp,& fa,& sol\\ 0,& 2,& 6,& 8\end{smallmatrix}\right.$, où l'on ne conserve qu'une seule note de l'accord de sixte majeure en majeur.

Combinaisons de la sixte majeure en mineur $\left\{\begin{smallmatrix}ut,& mi\flat,& sol,& la\\ 0,& 3,& 7,& 9\end{smallmatrix}\right.$.

1° Avec elle-même, seulement à l'intervalle de seconde majeure à $\left\{\begin{smallmatrix}si,& ré,& fa,& la\\ 9,& 0,& 3,& 7\end{smallmatrix}\right.$.

2° Avec la sixte majeure en majeur.

On sent que l'augmentation de la tierce suffit pour conduire à la première combinaison $\left\{\begin{smallmatrix}ut,& mi,& sol,& la\\ 0,& 4,& 7,& 9\end{smallmatrix}\right.$. On peut aussi passer à celles qui sont aux intervalles de tierce mineure, de quarte, de sixte mineure, et de seconde majeure; $\left\{\begin{smallmatrix}ut,& mi\flat,& sol,& si\flat\\ 9,& 0,& 4,& 7\end{smallmatrix}\right.$; $\left\{\begin{smallmatrix}ut,& mi\flat,& fa,& la\flat\\ 4,& 7,& 9,& 0\end{smallmatrix}\right.$; $\left\{\begin{smallmatrix}ut,& ré,& fa,& la\\ 7,& 9,& 0,& 4\end{smallmatrix}\right.$ et $\left\{\begin{smallmatrix}ré,& fa\sharp,& la,& si\\ 0,& 4,& 7,& 9\end{smallmatrix}\right.$; les deux premières, parce que la consonnance *ut mi* ♭ y est conservée; la troisième, parce que la sixte majeure *ut, la* s'y trouve conservée; et la dernière où la note *la* est seule conservée, parce qu'elle conduit à l'harmonie de $\left\{\begin{smallmatrix}r\acute{e}\\2\end{smallmatrix}\right.$ majeur.

3° Avec la septième mineure en majeur.

On voit que l'augmentation de la tierce et de la sixte conduit très bien au type $\left\{\begin{smallmatrix}ut, & mi, & sol, & si\,\flat\\0, & 4, & 7, & 10\end{smallmatrix}\right.$, mais on peut passer à la même dissonance aux intervalles de seconde majeure, de quarte et de quinte, $\left\{\begin{smallmatrix}ut, & r\acute{e}, & fa\,\sharp, & la\\10, & 0, & 4, & 7\end{smallmatrix}\right.$; $\left\{\begin{smallmatrix}ut, & mi\,\flat, & fa. & la\\7, & 10, & 0, & 4\end{smallmatrix}\right.$; et $\left\{\begin{smallmatrix}si, & r\acute{e}, & fa, & sol\\4, & 7, & 10, & 0\end{smallmatrix}\right.$; et même à celle $\left\{\begin{smallmatrix}r\acute{e}\,\flat, & mi\,\flat, & sol, & si\,\flat\\10, & 0, & 4, & 7\end{smallmatrix}\right.$ à intervalle de tierce mineure.

4° Avec la septième majeure en majeur et en mineur.

On ne peut passer dans le mode majeur qu'aux combinaisons $\left\{\begin{smallmatrix}r\acute{e}, & fa\,\sharp, & la, & ut\,\sharp\\0, & 4, & 7, & 11\end{smallmatrix}\right.$ et $\left\{\begin{smallmatrix}si\,\flat, & r\acute{e}, & fa, & la,\\0, & 4, & 7, & 11,\end{smallmatrix}\right.$ aux intervalles de seconde majeure et de septième mineure. Dans le mode mineur seulement à $\left\{\begin{smallmatrix}mi, & sol, & si, & r\acute{e}\,\sharp\\0, & 3, & 7, & 11,\end{smallmatrix}\right.$ à l'intervalle de tierce majeure.

5° A la dissonance de triton simple.

On peut passer du type $\left\{\begin{smallmatrix}ut, & mi\,\flat, & sol, & la,\\0, & 3, & 7, & 9,\end{smallmatrix}\right.$ à cette dissonance à tous les intervalles quelconques ; soit en abaissant seulement le $\left\{\begin{smallmatrix}sol\\7,\end{smallmatrix}\right.$ d'un intervalle, soit en augmentant les trois autres d'un intervalle ; soit enfin en abaissant ces trois notes d'un intervalle, et le $\left\{\begin{smallmatrix}sol\\7\end{smallmatrix}\right.$ de deux.

6° A la dissonance de tritons mixtes.

On peut passer au premier type $\left\{\begin{smallmatrix}ut\,\sharp, & mi\,\flat, & sol, & la,\\0, & 2, & 6, & 8,\end{smallmatrix}\right.$ en élevant $\left\{\begin{smallmatrix}ut,\\0,\end{smallmatrix}\right.$ d'un intervalle, ou au même $\left\{\begin{smallmatrix}ut, & r\acute{e}, & fa\,\sharp, & la\,\flat,\\0, & 2, & 6, & 8,\end{smallmatrix}\right.$ en abaissant les trois autres notes d'autant.

Combinaisons de la septième mineure en majeur $\left\{\begin{smallmatrix}ut, & mi, & sol & si\,\flat\\0, & 4, & 7, & 10\end{smallmatrix}\right.$.

1° Avec elle-même.

En enployant les inversions convenables, on passera à ses combinaisons aux intervalles de seconde majeure, de quarte, de quinte, de seconde mineure, de septième mineure et de septième majeure,

$$\left\{ \begin{matrix} ut, & ré, & fa\,\sharp, & la \\ 10, & 0, & 4, & 7 \end{matrix} \right.;\quad \begin{matrix} ut, & mi\,\flat, & fa, & la \\ 7, & 10, & 0, & 4 \end{matrix};\quad \begin{matrix} si, & ré, & fa, & sol \\ 4, & 7, & 10, & 0 \end{matrix};\quad \begin{matrix} ré\,\flat, & fa, & la\,\flat, & si \\ 0, & 4, & 7, & 10 \end{matrix};$$

$$\left\{ \begin{matrix} ré, & fa, & la\,\flat, & si\,\flat \\ 4, & 7, & 10, & 0 \end{matrix} \right.;\quad \text{et}\quad \begin{matrix} si, & ré\,\sharp, & fa\,\flat, & la \\ 0, & 4, & 7, & 10 \end{matrix}.$$

2° Avec la sixte majeure en majeur.

On voit que l'on peut revenir immédiatement au type $\left\{ \begin{matrix} ut, & mi, & sol, & la \\ 0, & 4, & 7, & 9 \end{matrix} \right.$ par la seule diminution de la septième mineure; mais on peut passer aussi à cette dissonance aux intervalles de tierce mineure, de quarte, et de septième mineure,

$$\left\{ \begin{matrix} ut, & mi\,\flat, & sol, & si\,\flat \\ 9, & 0, & 4, & 7 \end{matrix} \right.;\quad \begin{matrix} ut, & ré, & fa, & la \\ 7, & 9, & 0, & 4 \end{matrix};\quad \text{et}\quad \left\{ \begin{matrix} si\,\flat, & ré, & fa, & sol \\ 0, & 4, & 7, & 9 \end{matrix} \right.$$

en employant les inversions convenables.

3° Avec la sixte majeure en mineur.

La diminution de la tierce et de la septième ramène au type $\left\{ \begin{matrix} ut, & mi\,\flat, & sol, & la \\ 0, & 3, & 7, & 9 \end{matrix} \right.$; mais on peut aussi aller par des inversions convenables aux intervalles de seconde majeure; de tierce mineure et majeure; de quinte et de sixte majeure,

$$\left\{ \begin{matrix} si, & ré, & fa, & la \\ 9, & 0, & 3, & 7 \end{matrix} \right.;\quad \begin{matrix} ut, & mi\,\flat, & sol\,\flat, & si\,\flat \\ 9, & 0, & 3, & 7 \end{matrix};\quad \begin{matrix} ut\,\sharp, & mi, & sol, & si \\ 9, & 0, & 3, & 7 \end{matrix};\quad \begin{matrix} ré, & mi, & sol, & si\,\flat \\ 7, & 9, & 0, & 8 \end{matrix};\quad \text{et}\quad \left\{ \begin{matrix} ut, & mi, & fa\,\sharp, & la \\ 3, & 7, & 9, & 0 \end{matrix} \right..$$

4° Avec la septième majeure en majeur et mineur.

On voit que l'augmentation de la septième suffit pour conduire au type $\left\{ \begin{matrix} ut, & mi, & sol, & si \\ 0, & 4, & 7, & 11 \end{matrix} \right.$; mais on pourra passer ainsi en majeur à cette dissonance, aux intervalles de quinte et de septième majeure $\left\{ \begin{matrix} sol, & si, & ré, & fa\,\sharp \\ 0, & 4, & 7, & 11 \end{matrix} \right.$ et $\begin{matrix} si, & ré\,\sharp, & fa\,\sharp, & la\,\sharp \\ 0, & 4, & 7, & 11 \end{matrix}$. En mineur, aux intervalles de triton, de quinte et de septième majeure,

$$\left\{ \begin{matrix} fa\,\sharp, & la, & ut\,\sharp, & mi\,\sharp \\ 0, & 3, & 7, & 11 \end{matrix} \right.;\quad \begin{matrix} sol, & si\,\flat, & ré, & fa\,\sharp \\ 0, & 3, & 7, & 11 \end{matrix}\quad \text{et}\quad \left\{ \begin{matrix} si, & ré, & fa\,\sharp, & la\,\sharp \\ 0, & 3, & 7, & 11 \end{matrix} \right..$$

5° Avec la dissonance de triton simple.

A tous les intervalles, comme pour les précédentes.

6° Avec la dissonance de tritons mixtes.

On voit que la seule diminution de la quinte produit le

deuxième type de cette dissonance { ut, mi, fa♯, la♯ / 0, 4, 6, 10 }. On peut toutefois passer à ce même type aux intervalles de seconde majeure, de seconde mineure, et de septième mineure : { ut, ré, fa♯, la♭ / 10, 0, 4, 6 } ; { ut♯, fa, sol, si / 0, 4, 6, 10 } et { si♭, ré, mi, sol♯ / 0, 4, 6, 10 }, pourvu que l'on emploie des inversions convenables.

On sent bien d'ailleurs que ces marches exigent un repos très rapproché sur l'accord consonnant le plus directement appelé.

Combinaisons du triton simple { ut, mi♭, fa♯, la / 0, 3, 6, 9 }.

En général cette dissonance exige une prompte solution, cependant on en interrompt la cadence assez souvent en revenant à des harmonies mixtes moins dures pour l'oreille, et qui forment un repos accidentel.

Ainsi 1° on peut revenir de cette dissonance aux sixtes majeures en majeur { ut, mi, sol, la / 0, 4, 7, 9 } ; { si, ré, fa♯, la / 9, 0, 4, 7 } ; { ut, mi♭, sol, si♭ / 9, 0, 4, 7 } ; { ut, ré, fa, la / 7, 9, 0, 4 } ; { ut♯, ré♯, fa♯, la♯ / 7, 9, 0, 4 } ; { ut, mi♭, fa, la♭ / 4, 7, 9, 0 } ; { ut♯, mi, fa♯, la / 4, 7, 9, 0 } et { si, ré♯, fa♯, sol♯ / 0, 4, 7, 9 }, aux intervalles de tonique, seconde majeure, tierce mineure, quarte, triton, sixte mineure et majeure, et septième majeure.

2° Aux sixtes majeures en mineur { ut, mi♭, sol, la / 0, 3, 7, 9 } ; { ut, mi♭, sol♭, si♭ / 9, 0, 3, 7 } ; { ut♯, ré♯, fa♯, la / 7, 9, 0, 3 } et { ut, mi, fa♯, la / 3, 7, 9, 0 }.

3° Aux septièmes mineures en majeur, à tous les intervalles.

4° Aux septièmes majeures en majeur, *idem ;* et aux septièmes majeures en mineur, seulement à celles qui ont pour toniques les intervalles { ut, ut♯ / 0, 1 } ; { mi♭, mi / 3, 4 } ; { fa♯, sol / 6, 7 } ; { la, si♭ / 9, 10 }.

5° On peut passer aussi aux tritons simples eux-mêmes à tous les intervalles.

6° Enfin, aux tritons mixtes, aux intervalles qui ont été

désignés pour les septièmes majeures en mineur, 0, 1, 3, 4, 6, 7, 9, 10, dont les quatre derniers ne sont que la répétition des quatre premiers, dans un ordre renversé.

Combinaisons des tritons mixtes $\left\{\begin{smallmatrix} ut, & ré, & fa\,\sharp, & la\,\flat \\ 0, & 2, & 6, & 8 \end{smallmatrix}\right.$.

On ne peut revenir de cette dissonance 1° qu'à celles de septième mineure en majeur, aux intervalles $\left\{\begin{smallmatrix} 1, & 2, & 7\ et\ 8 \\ ut\,\sharp, & ré, & sol,\ la\,\flat \end{smallmatrix}\right.$.

2° A celles de septièmes majeures en majeur qui ont pour toniques les notes $\left\{\begin{smallmatrix} ut, & ut\,\sharp, & ré\,; & fa\,\sharp, & sol, & la\,\flat \\ 0, & 1, & 3\,; & 6, & 7, & 8 \end{smallmatrix}\right.$, et en mineur seulement aux toniques 0, 1, 6 et 7.

3° A celles des tritons simples qui ont pour notes graves les notes $\left\{\begin{smallmatrix} ut, & ré, \\ 0, & 2, \end{smallmatrix}\right.$ et à leurs inversions, 3 ; 5 ; 6 ; 8 ; 9 ; 11 ; ce qui n'exclud que la combinaison $\left\{\begin{smallmatrix} ré\,\flat, & mi, & sol, & si\,\flat \\ 1, & 4, & 7, & 10 \end{smallmatrix}\right.$ et ses inversions.

Nous avons récapitulé toutes ces combinaisons en les plaçant dans le tableau général C, ci-après.

(Voy. la note D qui y est relative.)

CHAPITRE X.

Des harmonies consonnantes qui peuvent accompagner les diverses gammes.

On doit considérer une gamme ou une succession de sons quelconques, du grave à l'aigu, et de l'aigu au grave, comme un chant soumis à l'influence particulière d'une note fondamentale ou tonique, dont l'harmonie parfaite, dans l'un ou l'autre mode, doit former le repos final de ce chant.

Un chant régulier commence et finit par la tonique, qui pour le repos final a besoin d'être appelée par sa quinte, et sa sensible directe ou septième majeure, dans la marche du grave à l'aigu, et sa sensible inverse ou seconde majeure dans la marche contraire, ou même par toutes les trois à la fois.

La gamme dite *diatonique*, du mode majeur, est un modèle parfait d'un chant régulier à 2, 4, 8 temps, et composé de deux hémistiches semblables, à intervalle de quinte $\left\{ \begin{smallmatrix} ut, & ré, & mi, & fa \\ 0, & 2, & 4, & 5 \end{smallmatrix} \right.$; $\begin{smallmatrix} sol, & la, & si, & ut \\ 7, & 9, & 11, & 12 \end{smallmatrix}$; parce qu'il commence et finit par la tonique $\left\{ \tfrac{ut}{0} \right.$, appelée dans sa marche ascendante par sa sensible directe $\left\{ \tfrac{si}{4} \right.$, et dans la marche contraire par sa sensible inverse $\left\{ \tfrac{ré}{2} \right.$. Ses deux hémistiches étant semblables, le repos du premier, en montant, est sur $\left\{ \tfrac{fa}{5} \right.$, quarte de la tonique, en sorte que précédée de sa sensible directe $\left\{ \tfrac{mi}{4} \right.$, et appelée

par le souvenir de sa quinte *ut*, sa première consonnance,
cette note $\{{}^{fa}_{5}$, devient le repos accidentel de l'hémistiche,
et pourrait même être considérée comme une nouvelle
tonique, si la continuation de la gamme par le second
hémistiche ne rappelait enfin la première tonique *ut*, tant
par le souvenir du $\{{}^{sol}_{7}$, sa quinte, ou première consonnance,
par laquelle il débute, que par l'influence de $\{{}^{si}_{11}$, sa sensible directe. En conséquence les harmonies d'*ut* et de *fa*
dominent dans le premier hémistiche, comme dans le se-
cond celles de *sol* et d'*ut* : et comme le $\{{}^{mi}_{4}$, tierce majeure
d'*ut*, se trouve compris dans le chant du premier hémistiche, on voit que c'est le mode majeur qui doit régir
l'harmonie de la tonique *ut*. Si l'on considère que les
sons $\{{}^{ut}_{0}$ et $\{{}^{la}_{9}$, se rencontrent avec le $\{{}^{fa}_{5}$, dans cette gamme,
on reconnaîtra aussi que c'est l'harmonie *majeure* qui doit
accompagner le *fa*, repos du premier hémistiche. Enfin, les
notes $\{{}^{re}_{2}$ et $\{{}^{si}_{11}$, se rencontrant aussi dans cette gamme, on
voit que c'est encore l'harmonie du mode majeur qui doit
accompagner le $\{{}^{sol}_{7}$ du second hémistiche.

En général, en accompagnant les notes d'une gamme
quelconque, il paraît convenable de n'employer, autant
que possible, que les notes mêmes de cette gamme; et si
l'on veut que la tonique y domine, il faudra la rappeler
le plus souvent que l'on pourra avec son harmonie déterminée, sous toutes celles de ses consonnances qui le permettront.

C'est donc ainsi que sous la gamme diatonique ascendante

	ut, 0.	*ré*, 2.	*mi*, 4.	*fa*, 5.	*sol*, 7.		*la*, 9.	*si*, 11.	*ut*, 12.
nous placerons les harmonies	*sol*, 7.	*la*, 9.	*ut*, 0.	*ut*, 0.	*ré*, 2.	*mi*, 4.	*fa*, 5.	*sol*, 7.	*sol*, 7,
	mi, 4.	*fa*, 5.	*sol*, 7.	*la*, 9.	*si*, 11.	*ut*, 0.	*ut*, 0.	*ré*, 2.	*mi*, 4,
	ut, 0.	*ré*, 2.	*mi*, 4.	*fa*, 5.	*sol*, 7.	*sol*, 7.	*la*, 9.	*si*, 11.	*ut*, 0.
dont les toniques sont :	*ut*, 0.	*ré*, 2.	*ut*, 0.	*fa*, 5.	*sol*, 7.	*ut*, 0.	*fa*, 5.	*sol*, 7.	*ut*, 0.

toutes dans le mode majeur, excepté $\left\{\begin{smallmatrix}ré,\\2,\end{smallmatrix}\right.$ qui est dans le mode mineur.

Ces successions consonnantes sont toutes autorisées par l'oreille, et consignées dans notre tableau de la fin du chapitre VII.

Nous avons indiqué deux harmonies qui peuvent accompagner la note $\left\{\begin{smallmatrix}sol\\7\end{smallmatrix}\right.$; dans la première, elle est considérée comme tonique, et la similitude alors serait complète entre les deux hémistiches, si l'on plaçait sous le $\left\{\begin{smallmatrix}la\\9\end{smallmatrix}\right.$, sa consonnance parfaite en mineur $\left\{\begin{smallmatrix}mi,\,4\\ut,\,0\\la,\,9\end{smallmatrix}\right.$. Dans la seconde, elle n'est plus que la quinte de la tonique *ut*. Alors, le passage de $\left\{\begin{smallmatrix}mi\\ut\\sol\end{smallmatrix}\right.$ à $\begin{smallmatrix}mi\\ut\\la\end{smallmatrix}$, aurait un caractère de mollesse peu convenable, tandis qu'en substituant à ce dernier accord celui $\left\{\begin{smallmatrix}fa\\ut\\la\end{smallmatrix}\right.$ en *fa*, cette marche d'harmonie en mode majeur par saut de quinte a plus d'énergie et plaît davantage à l'oreille. On trouvera aussi que la marche de $\left\{\begin{smallmatrix}ré\\si\\sol\end{smallmatrix}\right.$ à $\left\{\begin{smallmatrix}fa\\ut\\la\end{smallmatrix}\right.$, à l'intervalle de seconde renversée ou de septième mineure, des harmonies du même mode, lui convient très bien.

D'après cette dernière modification, qui donne des harmonies du seul mode majeur, pour les quatre notes du second hémistiche, on voit que l'on peut obtenir le même résultat pour le premier, en substituant sous la note $\left\{{}^{ré}_{2}\right.$, l'accord parfait majeur en $\left\{{}^{ré\sharp}_{10}{}^{\flat}\right.$, à celui en mineur de *ré*.

Toutes les harmonies de la gamme seraient alors dans le mode majeur, et leur succession serait parfaitement satisfaisante, malgré la présence de la note $\left\{{}^{ré\sharp}_{10}{}^{\flat}\right.$, qui pourtant ne se trouve point dans la gamme diatonique en majeur d'*ut*. Cela nous indique par conséquent la faiblesse des motifs qui ont fait adopter cette gamme comme l'unique base d'un système d'harmonie.

Si l'on veut accompagner cette même gamme avec des harmonies du mode majeur en descendant de l'aigu au grave, on ne trouvera point que celles que nous venons d'indiquer soient satisfaisantes, parce que les repos sur les notes $\left\{{}^{sol}_{7}\right.$ et ${}^{ut}_{0}$ ne sont pas suffisamment appelés. Nous avons reconnu que l'appel complet d'une note, comme tonique, était sa quinte, sa septième majeure et sa seconde majeure, qui forment l'harmonie parfaite, en majeur, de la quinte; ainsi le repos sur $\left\{{}^{sol}_{7}\right.$ doit être sollicité par l'accord $\left\{\begin{smallmatrix} ré, & 2, \\ la, & 9, \\ fa\,\sharp, & 6, \end{smallmatrix}\right.$ en majeur de $\left\{{}^{ré}_{2}\right.$ sa quinte, et le repos final sur $\left\{{}^{ut}_{0}\right.$, par celui en $\left\{{}^{sol}_{7}\right.$ majeur $\left\{\begin{smallmatrix} si, & 11 \\ sol, & 7 \\ ré, & 2 \end{smallmatrix}\right.$. En effet on trouvera une satisfaction complète dans la gamme diatonique renversée :

	ut,	*si,*	*la,*	*sol;*	*fa,*	*mi,*	*ré,*	*ut.*
accompagnée	sol,	sol,	fa ♯,	ré;	ut,	ut,	si,	sol,
par les	mi,	ré,	re,	si;	la,	sol,	sol,	mi,
harmonies	ut,	si,	la,	sol;	fa,	mi,	ré,	ut.

où la rencontre du *fa* ♯ est un argument de plus contre le système exclusif d'harmonie tiré de la gamme diatonique.

On remarquera cependant que l'on peut substituer à

l'harmonie du $\{^{fa}_{5}$, celle en $\{^{ré}_{2}$ mineur $\{^{ré}_{la}{}_{fa}$, à cause du souvenir du *ré* de l'accord $\{^{ré}_{si}{}_{sol}$ qui la précède, et parce que le *fa* ici n'est plus au point de repos, et n'a plus besoin d'exercer la fonction de tonique.

Appliquons cette méthode à la gamme diatonique du mode mineur, qui est une inversion de la précédente, savoir : $\{^{la,\ si,\ ut,\ ré\sharp,\ mi,\ fa,\ sol,\ la}_{0,\ 2,\ 3,\ 5,\ 7,\ 8,\ 10,\ 12}$.

On voit d'abord que dans sa marche ascendante elle ne peut pas être tolérée sous cette forme, parce que le repos du premier hémistiche sur $\{^{ré}_{2}$, ni le repos final sur $\{^{la}_{12}$, ne sont point appelés par leurs sensibles directes $\{^{ut\sharp}_{4}$, et $\{^{sol\sharp}_{11}$. A la vérité on peut ne considérer le repos du premier hémistiche que comme suspensif et passager ; mais celui du dernier hémistiche ne saurait avoir un caractère décidé sans l'appel du $\{^{sol\sharp}_{11}$. Dès lors nous considérerons cette gamme dans son ordre renversé, et nous placerons, par analogie, sous les notes qui la composent.

$$\textit{la, sol, fa, mi ; ré, ut, si, la.}$$

les harmonies								
mi,	*mi,*	*ré,*	*ut ;*	*la,*	*la,*	*sol* $\sharp$*, *	*mi,*
ut,	*si,*	*la,*	*la ;*	*fa,*	*mi,*	*mi,*	*ut,*
la,	*sol,*	*fa,*	*mi ;*	*ré,*	*ut,*	*si,*	*la.*

qui sont toutes dans le mode mineur, excepté au pénultième accord, où nous n'avons pu nous dispenser d'introduire le $\{^{sol\sharp}_{11}$, sensible directe, et le $\}^{mi}_{7}$, quinte de $\{^{la}_{0}$, ses appels nécessaires. On observera d'ailleurs que ce contraste d'une harmonie en majeur, précédant celle de la tonique en mineur, la rend plus expressive et plus piquante.

On aurait pu substituer à l'accord en *la* du repos du premier hémistiche, celui en *mi* majeur $\{^{si}_{sol}{}_{mi}$, dont le repos accidentel est fort satisfaisant, tandis que l'harmonie en *mi* mineur ne serait pas supportable.

Maintenant reprenons la marche ascendante modifiée :

$$la,\ si,\ ut,\ ré;\ mi,\ fa,\ sol\sharp,\ la.$$

Nous l'accompagnerons	*mi,*	*sol* ♯ *la,*	*la;*	*ut,*	*ré,*	*mi,*	*mi,*
par les	*ut,*	*mi,*	*mi,*	*fa;*	*la,*	*la,*	*si,*	*ut,*
harmonies	*la,*	*s ,*	*ut,*	*ré;*	*mi,*	*fa,*	*sol*♯ *,*	*la.*

parce que l'on ne saurait y introduire ni l'harmonie du *si* en mineur ou en majeur, ni celle du *mi* en mineur, sous la note *si,* tandis que le *sol* ♯ s'y trouve admis naturellement comme sensible directe de la tonique ramenée dans l'accord suivant.

Si nous examinons maintenant le second hémistiche de cette gamme ascendante, composé de deux secondes mineures à intervalle de tierce majeure $\left\{\begin{smallmatrix} mi, & fa; \\ 7, & 8 \end{smallmatrix}\ \begin{smallmatrix} sol\sharp, & la \\ 4, & 1 \end{smallmatrix}\right.$, nous trouverons que l'on pourrait former le premier hémistiche d'une manière semblable, d'après le principes d'imitation ; savoir, en faisant $\left\{\begin{smallmatrix} la, & si\flat; \\ 0, & 1 \end{smallmatrix}\ \begin{smallmatrix} ut\sharp, & ré \\ 4, & 5 \end{smallmatrix}\right.$. Alors nous formerons une nouvelle gamme :

$$\left\{\begin{smallmatrix} la, & si\flat. & ut\sharp, & ré & . & mi, & fa, & sol\sharp. & la, \\ 0, & 1, & 4, & 5 & ; & 7, & 8, & 11, & 12, \end{smallmatrix}\right.$$

qui nous paraît avoir éminemment le caractère de tristesse et de sensibilité que l'on exprime ou que l'on cherche à exprimer dans la modulation dite *mineure ;* et comme cette gamme est parfaitement régulière, tandis que celle dite du mode mineur ne l'est pas, nous pensons qu'elle devrait être considérée comme le type propre au caractère *mesto,* malgré l'absence de la tierce mineure $\left\{\begin{smallmatrix} ut \\ 3 \end{smallmatrix}\right.$, de sa tonique ; de même que la gamme diatonique du mode majeur l'est du caractère *allégro.*

A l'imitation de l'accompagnement indiqué pour le second hémistiche de la gamme diatonique en mineur, nous accompagnerons notre type *mesto* :

$$la, \; si\flat, \; ut\sharp, \; ré; \; mi, \; fa, \; sol\sharp, \; la.$$

par les accords
$$\begin{cases} fa, & sol, & la, & la; & ut, & ré, & mi, & mi, \\ ré, & ré, & mi, & fa; & la, & la, & si, & ut, \\ la, & si\flat, & ut\sharp, & ré; & mi, & fa, & sol\sharp, & la. \end{cases}$$

quoique cependant l'on puisse adopter pour l'accompagnement du premier *la*, son harmonie propre en mineur.

Le renversement de ce type *mesto* ne produisant pas un effet semblable, on doit s'en tenir à la gamme diatonique renversée $\begin{cases} la, & sol, & fa, & mi; & ré, & ut, & si, & la \\ 12, & 10, & 8, & 7; & 5, & 3, & 2, & 0. \end{cases}$

Il est une inversion de la gamme diatonique qui a encore une régularité parfaite et un caractère particulier que l'on peut appeler indéterminé. C'est celle-ci :

$$\begin{cases} mi, & fa, & sol, & la; & si, & ut, & ré, & mi \\ 0, & 1, & 3, & 5; & 7, & 8, & 10, & 12. \end{cases}$$

Elle se rencontre précisement tout entière dans l'accompagnement de la gamme diatonique en majeur que nous avons donné page 65, de manière que ces deux gammes réunies forment une succession de tierces ou de sixtes, tantôt majeures, tantôt mineures, suivant que la gamme indéterminée est placée à l'aigu ou au grave de la gamme ordinaire, comme on peut le voir dans cet exemple, où les nombres 3, 4, 8, 9, indiquent les diverses tierces et sixtes pratiquées.

$$\begin{cases} 4 & 3, & 3, & 4 & , & 4, & 3, & 3, & 4 \\ mi, & fa, & sol, & la; & si, & ut, & ré, & mi. \end{cases}$$

$$\begin{cases} ut, & ré, & mi, & fa & , & sol, & la, & si, & ut \\ 8, & 2, & 4, & 5; & 7, & 9, & 11, & 12. \end{cases}$$

$$\begin{cases} mi, & fa, & sol, & la & , & si, & ut, & ré, & mi \\ 8, & 9, & 9, & 8; & 8, & 9, & 9, & 8. \end{cases}$$

Ce qui distingue en effet cette gamme indéterminée, c'est que les repos des deux hémistiches sur *la* et sur *mi*, en marchant du grave à l'aigu, ainsi que ceux qui ont lieu sur *si* et *mi* dans la marche renversée, ne sont appelés ni les uns ni les autres par leurs sensibles directes ou inverses, qui pour les premiers seraient $sol\sharp_8$ et $ré\sharp_3$; et pour les derniers $\{ut\sharp_2$ et $fa\sharp_6\}$. Il suit de cette disposition que cette gamme accompagnée des consonnances qui lui conviendraient ne saurait produire qu'un effet vague et propre seulement à préparer une transition.

Nous n'entrerons pas dans le détail des harmonies de cette gamme, ni d'aucune des autres inversions praticables de la gamme diatonique. Nous ferons observer seulement que si l'on a pu adopter la succession suivante :

		sol,	la,	si,	ut;		ré,	mi,	fa,	sol;
		0,	2,	4,	5;		7,	9,	10,	12 ;
comme pouvant accompagner	{	mi,	fa,	sol,	la ;		si,	ut,	ré,	mi.
la double succession ci-dessus	{	ut,	ré,	mi,	fa ;		sol,	la,	si,	ut.
Harmonies [1]		o	ø	ø	o		o	ø		o

c'est bien une preuve incontestable que les successions de quintes ne sont point aussi vicieuses que l'ont prétendu les maîtres du contrepoint ; car qu'importe que la gamme du *sol* soit placée au grave, où elle produit des quartes, ou à l'aigu, où elle produit des quintes avec la gamme de l'*ut*, puisque la succession harmonique est la même, et ne choque pas plus l'oreille d'une façon que de l'autre ?

Passons aux gammes chromatiques, et commençons par celle qui, semblable au vers alexandrin, est composée de douze temps dont la césure est au sixième.

{	ut,	ré♭,	ré,	mi♭,	mi,	fa .	sol,	la♭,	la,	si♭,	si,	ut
{	0,	1,	2,	3,	4,	5 ;	7,	8,	9,	10,	11,	12.

---

(1) Nous désignons les harmonies majeures d'après notre système par o, et les mineures par ø ; et leurs inversions par 4, 7 ; et 3, $\overline{7}$.

La marche de ce chant est, comme dans la gamme diatonique, d'*ut* en *fa*, au repos du premier hémistiche, et de *sol* en *ut* au repos final.

La présence des consonnances d'*ut* dans les deux modes fait connaître que l'un et l'autre peuvent être choisis à volonté pour accompagner cette gamme, mais que la succession des harmonies pourra ou devra même être alternativement dans les deux modes, en laissant toutefois la faculté de faire dominer l'un des deux, surtout au repos de la césure et de la gamme.

Nous essaierons donc d'abord sous cette gamme

	ut,	ré ♭,	ré,	mi ♭,	mi,	fa;	sol,	la ♭,	la,	si ♭,	si,	ut.
les har-	sol,	la ♭,	si ♭,	si ♭,	ut,	ut,	ré,	mi ♭, fa,	fa,	sol,	sol,	
monies	mi,	fa,	fa,	sol,	sol,	la,	si,	ut,	ut,	ré,	ré,	mi,
du mode	ut,	ré ♭,	ré,	mi ♭,	mi,	fa,	sol,	la ♭,	la,	si ♭,	si,	ut.
majeur.	0	0	4	0	4	0	0	0	4	0	4	0

Leur succession est autorisée par l'oreille, et paraît satisfaisante.

En faisant dominer le mode mineur, nous aurons:

	ut,	ré ♭,	ré,	mi ♭,	mi,	fa;	sol,	la ♭,	la,	si ♭,	si,	ut.
harmonies	sol,	si ♭,	si ♭,	ut,	ut,	ut;	mi ♭, fa,	fa,	fa,	sol,	sol,	
des deux	mi ♭, fa,	fa,	sol,	sol,	la ♭;	ut,	ut,	ut,	ré ♭,	ré,	mi ♭,	
modes.	ut,	ré ♭,	ré,	mi ♭,	mi,	fa ;	sol,	la ♭,	la,	si ♭,	si,	ut.
	ø	3	4	3	4	ø	7̄	3	4	3	4	ø

où il ne se rencontre que quatre accords du mode majeur, en *si* ♮, *ut*, *fa* et *sol*, semblablement placés dans chacun des hémistiches, et dont deux préparent très bien et nécessairement les repos de la césure et de la gamme par leur contraste avec le mode mineur.

Il est difficile de trouver beaucoup d'autres combinaisons d'harmonies consonnantes propres à accompagner cette gamme soit en montant, soit en descendant. On observera toutefois dans cette dernière marche d'employer l'harmonie du *sol* comme tonique, en majeur, pour caractériser le repos du premier hémistiche inverse, en la préparant convenablement : car en mineur elle ne pourrait être pratiquée. Il en sera de même pour le repos de la tonique que l'on ne peut appeler en mineur par aucune consonnance dont sa seconde mineure ferait partie.

Essayons maintenant d'accompagner la gamme chromatique à trois temps principaux, telle que :

ut,	ré♭,	ré,	mi♭;	mi,	fa,	fa♯,	sol;	la♭,	la,	si,	ut.
0	1	2	3	4	5	6	7	8	9	11	12.

dont les repos sont $\left\{ \begin{smallmatrix} mi♭, & sol, \\ 3. & 7, \end{smallmatrix} \right.$ $\frac{ut.}{12,}$ caractérisant le mode mineur,

les harmonies

sol,	si♭,	si♭,	si♭,	ut,	ut,	ré,	ré,	fa,	fa,	sol,	sol.
mi♭,	fa,	fa,	sol♭,	sol,	la♭,	la,	si♭,	ut,	ul,	ré,	mi♭.
ut,	ré♭,	ré,	mi♭,	mi,	fa,	fa♯,	sol;	la♭,	la,	si,	ut.
ø	3	4	ø	4	ø	4	ø	3	4	4	ø

lui conviennent très bien, parce que leur succession est autorisée par l'oreille, et parce que chacun des repos est préparé par l'harmonie du mode majeur de sa quinte, qui contient les plus influens et les plus caractéristiques de ses appels.

On aurait pu, dans la gamme ci-dessus, substituer au $\left\{ \tfrac{la}{9} \right.$, l'intervalle $\left\{ \tfrac{si♭}{10} \right.$ avec son harmonie de l'un ou l'autre mode, sans nuire au bon effet de la succession.

Le renversement de cette gamme nous fera faire les remarques suivantes. Les notes $\left\{ \begin{smallmatrix} la♭, & mi, & ut \\ 8, & 4, & 8 \end{smallmatrix} \right.$, qui en formeraient les repos, produisant une dissonance, on voit qu'il faut éviter l'emploi du *la♭*, en le remplaçant par le $\left\{ \tfrac{la}{9} \right.$ qui donnera l'harmonie du mode mineur en *la*. Alors cette gamme deviendra :

ut,	*si,*	*si* ♭, *la* ;		*sol,*	*fa* ♯, *fa,*	*mi* ;		*mi* ♭, *ré,*	*ut* ♯, *ut.*		
12,	11,	10, 9 ;		7,	6, 5,	4 ;		3, 2,	1, 10.		

que l'on peut accompaguer par

la,	*sol* ♯, *sol,*	*fa* ;	*ré,*	*ré,*	*ré,*	*ut* ;	*ut* ♭, *si,*	*la,*	*la* ♭,
mi,	*mi,* *ré,*	*ré* ;	*si* ♭,	*la,*	*la,*	*la* ;	*sol* ♭, *fa* ♯,	*fa* ♯,	*mi* ♭,
ut,	*si,* *si* ♭,	*la* ;	*sol,*	*fa* ♯, *fa,*	*mi* ;		*mi* ♭, *ré,*	*ut* ♯,	*ut.*

Harmonies 3   7   3   7   3   4   3   7   4   3   7   4

Le passage de la quarte $\{^{fa\ ♯}_{ut\ ♯}$ ou de la tierce majeure $\{^{fa}_{ré\ ♭}$ à celle $\{^{mi}_{ut}$, à un intervalle de seconde mineure renversée choquerait l'oreille dans cette succession, si l'on voulait terminer l'accord en *la* mineur. On sent qu'aucune des harmonies où peut entrer le $\{^{ré\ ♭}_{ut\ ♯}$ ne peut convenir dans cette position, et que le repos sans la tonique *la* ne peut être appelé que par ses notes sensibles qui forment lorsque l'on y réunit la note $\{^{ré\ ♭}_{ut\ ♯}$ et la tonique appelée, l'accord $\{^{la,\ si,\ ut\ ♯,\ mi,\ sol\ ♯,}_{0,\ 2,\ 4,\ 7,\ 11,}$ et alors c'est le mode majeur qu'il appelle[1].

Cette difficulté tient à ce que la tonique ne peut être appelée par une seconde mineure que d'une manière indirecte : en sorte que la gamme chromatique renversée doit plutôt être pratiquée dans l'ordre

$$\{^{ut,\ si,\ si\ ♭,\ la}_{12,\ 11,\ 10,\ 9,}\ ;\quad ^{la\ ♭,\ sol,\ sol\ ♭,\ fa}_{8,\ 7,\ 6,\ 5}\ ;\quad ^{mi,\ ré\ ♯,\ ré.\ ut}_{4,\ 3,\ 2,\ 0}\ ;$$

où l'intervalle de seconde majeure est réservé pour la fin, et où l'harmonie dominante est déterminée en majeur de *fa* pour les repos $\{^{la,\ fa,\ ut}_{9,\ 5,\ 0}$. Cependant il est facile d'y adapter des accords consonnans dans l'un ou l'autre mode.

---

(1) **Le seul moyen de finir en mineur est d'employer une autre note comme tonique ; en conservant le** *la,* **ce sera** *fa* ♯ ; **en conservant l'***ut***, ce sera** *fa* ; **et l'on emploiera la dissonance des tritons mixtes** *ut* ♯, *fa, sol, si,* **ou celle de triton simple** *ut* ♯, *mi, sol, si* ♭, **pour appeler ce repos.**

Nous n'avons pas besoin sans doute de nous étendre davantage sur les accompagnemens des diverses autres gammes, que l'on peut s'exercer d'après cette méthode à chercher et à varier à l'infini.

CHAPITRE XI.

Des harmonies dissonantes qui peuvent accompagner les diverses gammes.

On a vu à la fin du chapitre précédent que les successions chromatiques, de l'aigu au grave, exigeaient des accords dissonans comme intermédiaires salvateurs. On a passé de cette nécessité à une profusion de dissonances consécutives, même dans l'accompagnement des gammes diatoniques et des chants mélodieux, sans considérer que l'oreille se fatiguait de tant de chocs qui la blessent lorsque des repos consonnans ne viennent pas de temps à autre la soulager.

La succession de dissonances la plus simple est celle qui conserve une note, soit tonique soit consonnante de la tonique, dans chacun des accords qui accompagnent le chant. Nous en ferons l'application à la gamme diatonique dans les deux modes.

Si l'on prend la note *ut*, tonique, pour basse constante du chant diatonique   *ut, ré, mi, fa; sol, la, si, ut,*

On voit naître les harmonies

							si,
	la,	*si* ♭,			*la,*	*sol,*	
sol,	*fa,*	*sol,*	*la;*	*sol,*	*fa,*	*fa,*	*sol,*
mi,	*ré,*	*mi,*	*fa;*	*mi,*	*ré,*	*ré,*	*mi,*
ut,	*ut,*	*ut,*	*ut;*	*ut,*	*ut,*	*ut,*	*ut* [1],

dont les espèces sont désignées par les chiffres $0, \ \frac{9}{7}, \ \frac{10}{0}, \ 7; \ 0, \ \frac{9}{7}, \ \frac{10}{5}, \ 0.$

(1) On doit avoir soin dans l'exécution de placer les notes dans l'ordre le plus naturel.

Et dans le chant renversé *ut, si, la, sol; fa, mi, ré, ut.*

les harmonies

					si,	
				la,	sol,	
sol,	sol,	fa ♯,	sol;	fa,	sol,	fa,	sol,
mi,	ré,	mi ♭,	mi;	ré,	mi,	ré,	mi,
ut,	ut,	ut,	ut;	ut,	ut,	ut,	ut.

Ainsi chiffrées   0,   5,   t,   0; $\frac{9}{7}$,   0, $\frac{10}{5}$,   0.

Si dans la marche ascendante . . . . *ut, ré, mi, fa; sol, la, si, ut.*

On adopte pour basse la première dominante *sol*, on aura la succession

		mi,	fa;	mi,	fa,	fa,	
mi,	ré,	ut,	ré;	ut ♯,	ré,	ré,	mi,
ut,	si,	la,	si;	la,	la,	si,	ut,
sol,	sol,	sol,	sol;	sol,	sol,	sol,	sol,

Ainsi chiffrée   7,   0, $\frac{9}{7}$, $\frac{10}{0}$;   10,   5, $\frac{10}{0}$,   7.

Et au sens inverse   *ut, si, la, sol; fa, mi, ré, ut.*

la série

		mi,		fa,		fa,	
mi,	ré,	ut,	ré;	ré,	mi,	ré,	mi,
ut,	si,	la,	si;	la,	ut,	si,	ut,
sol,	sol,	sol,	sol;	sol,	sol,	sol,	sol,

Ainsi chiffrée   7,   0, $\frac{9}{7}$,   0,   5,   7, $\frac{10}{0}$,   7.

Si l'on adopte pour basse la seconde dominante, c'est-à-dire la quarte *fa*, qui alors devient tonique, on aura la série ascendante

ut,	ré,	mi,	fa;	sol,	la,	si,	ut,
		ut,		ré,		ré,	
la,		si ♭,	ut;	si ♭,	ut,	si,	la,
	si ♭,	sol,	la;	sol,	la,	la ♭,	
fa,	fa,	fa,	fa,	fa,	fa,	fa,	fa,

Ainsi chiffrée   0,   7, $\frac{10}{5}$,   0; $\frac{9}{7}$,   0,   t,   0.

Et en sens inverse, la série

ut,	si,	la,	sol;	fa,	mi,	ré,	ut,
ré,		ré;	ré,				
la,	si,	ré,	si ♭;	si,	ut,	si ♭,	ut,
sol,	la,	sol;	la ♭,	sol,	sol,	la,	
fa,	fa,	fa,	fa;	fa,	fa,	fa,	fa,

Ainsi chiffrée   0,   10,   3, $\frac{9}{7}$,   t,   5, $\frac{9}{7}$,   0.

Nous ferons observer encore qu'il peut devenir absolument intolérable pour l'oreille d'entendre long-temps le même son dans une succession d'harmonies, et qu'elle a besoin de repos, surtout dans les césures des chants. Ainsi, quand nous nous sommes arrêtés sur une septième mineure en majeur, ou sur une sixte majeure, nous avons vaincu un obstacle sans objet, et résolu un problème sans intérêt; il valait mieux se reposer sur un accord consonnant. Toutefois les harmonies mixtes peuvent être tolérées sur les césures.

EXEMPLES
DE GAMMES DIATONIQUES ET CHROMATIQUES
DANS LES DIVERS MODES.

Tenue de tierce en maj.
Tenue de sixte maj.
Tenue de sec. maj.
Tenue de sept. min.
Basses chromatiques.
Gammes chromatiques.
En ut maj.
En sol maj.
En la maj.

En *fa* maj.

En *la* min.

En *ut* min.

En *la* maj.

Double gamme chromatique.

Marche de basse exactement diatonique.

CHAPITRE XII.

D'une méthode propre à être substituée au contrepoint dans les successions des intervalles consonnans et dans la formation des chants à plusieurs parties.

Les erreurs que nous avons signalées dans les principes qui sont la base du contrepoint, relativement au classement des consonnances et des dissonances, nécessitent la recherche d'une méthode nouvelle propre à former plusieurs parties chantantes accompagnant un thème donné, et à croiser plusieurs chants distincts portés successivement à diverses intonations.

Nous avons déjà fait remarquer qu'il était important de considérer dans un thème donné le mode général de sa mélodie : il faudra aussi examiner quelles sont les modulations ou transitions de tons, soit naturelles, soit détournées, qui s'y font sentir, ou qui peuvent y être introduites par l'emploi convenable des notes plus ou moins influentes, dominantes ou sensibles, de ces harmonies passagères. Les notes consonnantes de ces diverses modulations entremêlées des notes dissonantes des accords dissonans transitoires fourniront naturellement des sons propres à former diverses parties du chant, qu'il suffira de coordonner de manière à ce qu'ils suivent dans chacune d'elles une marche diatonique, ou qui en soit du moins rapprochée autant que possible. Il est superflu sans doute de donner des exemples d'un procédé qui est connu et d'une simplicité extrême. Seulement il est à remarquer que lorsque les chants se composent de notes de valeurs très inégales en durée, et sont parsemés de ce que l'on appelle des petites notes, des broderies, des *fioriture*, on ne doit s'occuper pour la formation des accords d'accompagnement que des notes principales qui caractérisent la marche de la mélodie et des modulations.

On conçoit que l'on pourrait, à l'imitation de ces chants fleuris, parsemer les parties d'accompagnement de petites notes semblables; mais l'on ne saurait trop se prémunir contre une telle tendance. On sait combien on a malheureusement abusé de cette faculté dans les compositions modernes, blasés que nous sommes sur les effets imposans et dramatiques de l'antique simplicité des mélodies et des harmonies naturelles, que l'on ne saurait remplacer convenablement par un luxe de notes, d'instrumens, de mouvement et de bruit, qui étonne à la vérité, mais à la longue fatigue nos oreilles.

Agir d'une autre manière, et surtout se livrer au hasard dans des successions de sons, même lorsque l'on veut bien se borner à des combinaisons de consonnances, c'est, il faut en convenir, s'exposer bien gratuitement à produire des effets non pas seulement bizarres et dissonans, mais entachés de sottise et de barbarie[1].

Cependant si l'on veut absolument, à défaut des ressources du sentiment et du génie, devoir quelque chose à des combinaisons hasardées, nous proposerons la méthode suivante[2].

(1) Gluck n'a-t-il pas dit que lorsqu'il se livra à la composition de ses admirables ouvrages il s'efforça d'oublier toute sa science du contrepoint ?

(2) Le génie peut en effet s'approprier et utiliser les produits du hasard.

Rappelons d'abord que les quartes ne sont autre chose que des quintes renversées, et que leurs sons entendus à la fois produisent la même sensation sur notre ame ; que les sixtes mineures doivent aussi être identifiées avec les tierces majeures leurs renversemens, et les sixtes majeures avec les tierces mineures.

Cela posé, toutes les combinaisons possibles entre les consonnances se réduisent à celles-ci, savoir :

Onze transitions d'une quinte $\{^7_0$ à celles $\{^{8,}_{1,} \;^{9,}_{2,} \;^{10,}_{3,} \;^{11,}_{4,}$ $\{^{0,}_{5,} \;^{1,}_{6,} \;^{2,}_{7,} \;^{3,}_{8,} \;^{4,}_{9,} \;^{5,}_{10,} \;^{6}_{11}$ (quintes ou quartes).

Douze transitions de la même quinte $\{^7_0$, aux tierces majeures $\{^{4,}_{0,} \;^{5,}_{1,} \;^{6,}_{2,} \;^{7,}_{3,} \;^{8,}_{4,} \;^{9,}_{5,} \;^{10,}_{6,} \;^{11,}_{7,} \;^{0,}_{8,} \;^{1,}_{9,} \;^{2,}_{10,} \;^{3}_{11}$ (ou sixtes mineures).

Douze transitions de la même quinte $\{^7_0$ aux tierces mineures ou sixtes majeures $\{^{3,}_{0,} \;^{4,}_{1,} \;^{5,}_{2,} \;^{6,}_{3,} \;^{7,}_{4,} \;^{8,}_{5,} \;^{9,}_{6,} \;^{10,}_{7,} \;^{11,}_{8,} \;^{0,}_{9,} \;^{1}_{10,} \;^{2}_{11}$.

Ensuite, onze transitions d'une tierce majeure à toutes les autres ; douze de la même à toutes les quintes ou quartes, et douze de la même à toutes les tierces mineures ou sixtes majeures.

Enfin, onze transitions d'une tierce mineure à toutes les autres ; douze de la même à toutes les quintes ou quartes, et douze de la même à toutes les tierces majeures ou sixtes mineures.

En tout cent cinq combinaisons.

Si l'on consulte les sensations éprouvées par l'oreille, un grand nombre de ces cent cinq combinaisons ne paraîtra point praticable dans cet état d'isolement. Cependant les exceptions se bornent en dernière analyse, savoir, dans

les successions de quinte à quintes ou quartes, au seul pas-
sage de triton, de $\{\frac{7}{0}$ à $\frac{6}{1}$, ci   1

Dans celles de quinte à tierces majeures ou sixtes
mineures, aux transitions de $\{\frac{7}{0}$ à $\frac{8}{4}$; à $\frac{10}{6}$; à $\frac{9}{1}$ et à $\frac{11}{3}$; ci   4
(C'est-à-dire aux sauts de tierce majeure, de triton, de
sixte majeure et de septième majeure.)

Dans celles de tierce majeure à quintes ou quartes,
aux transitions de $\{\frac{4}{0}$ à $\frac{10}{3}$; à $\frac{6}{1}$; et $\frac{8}{3}$; c'est-à-dire, aux
sauts de tierce mineure, de triton et de sixte mineure,
ci.   3

Dans celles de tierce majeure à la même, ou à sixte
mineure, aux transitions de $\{\frac{4}{0}$ à $\frac{7}{3}$; à $\frac{8}{4}$; à $\frac{10}{6}$; à $\frac{8}{0}$ et à $\frac{9}{1}$;
c'est-à-dire aux sauts de tierce mineure, de tierce
majeure, de triton et de sixtes mineure et majeure, ci   5
                                                    ─────
                    Total des exceptions. . . .   13

Toutes les autres combinaisons sont praticables, même
isolément. Ainsi, on peut aller de toute consonnance quelconque[1] à une tierce mineure ou à une sixte majeure quelconque, et réciproquement ; et cela dérive de la propriété
de la dissonance de triton simple composée de quatre tierces mineures, et qui peut être sauvée par toutes les notes
ou intervalles chromatiques pris pour tonique.

Examinons maintenant chacune des exceptions que nous
avons signalées.

La succession de quinte ou de quarte par saut de triton
ne peut être exécutée, parce que l'une et l'autre a sa tonique obligée, la note grave de la quinte, ou la note aiguë

____

(1) Nous ne considérons point l'unisson et l'octave comme des consonnances ;
mais peu importe.

de la quarte, qui dans une telle succession ne se trouve appelée par aucune influence. Si le contrepoint autorise une telle succession, comme celle de { *fa♯ / ut* } à { *fa / ut* }, ce ne peut être dans aucun cas sans l'emploi d'un accord de triton simple intermédiaire { *la / fa♯ / mi♭ / ut* }, qui peut conduire à l'accord consonnant { *la / fa / ut* }, et de plus en frappant à la basse de ces trois accords la succession des notes *si, mi♭, fa*.

(A) La succession de la quinte { *sol / ut* } à la tierce majeure { *sol / mi* } ne peut avoir lieu, parce que l'on ne peut les réunir que dans l'accord de sixse mineure en majeur { *la♭, ut, mi, sol* / 0, 4, 8, 11 } (12) qui n'est qu'une cadence suspendue, appelant le repos en *fa* mineur, ou en *la♭* majeur.

(Á) Celle de { *sol / ut* } à { *la♯ / fa♯* } ou *si♭ / sol♭*, ne peut avoir lieu non plus, parce que l'on ne les rencontre réunis que dans l'accord de suspension { *sol, si♭, ut, mi♭, fa♯* / 0, 3, 5, 8, 11 }. (54)

(A′) Celle de { *sol / ut* } à { *la / ut♯* } non plus, parce qu'on ne les rencontre réunis que dans l'accord de tritons mixtes { *ré♭, mi♭, sol, la, ut* / 0, 2, 6, 8, 11 } (40) qui n'est qu'une cadence interrompue.

Celle de { *sol / ut* } à *ré♯ / si♯* non plus, parce qu'on ne les rencontre que dans l'accord de septième majeure en mineur (34) { *ut, mi♭, sol, si* / 0, 3, 7, 11 }, qui demande une prompte solution.

La succession de la tierce majeure { *mi / ut* } à la quinte { *si♭ / mi♭* }, est dans le même cas que son inversion ci-dessus (A′), parce que ces notes ne se rencontrent que dans l'accord de tritons mixtes { *mi, fa♯, la♯, ut, ré♯* / 0, 2, 6, 8, 11 } (40).

Celle de { *mi / ut* } à { *fa♯ / ut♯* } n'est point praticable (c'est l'inversion de l'exemple Á.), parce que les sons de l'une et l'autre ne se rencontrent que dans l'accord de suspension, { *ut♯, mi, fa♯, la, si♯* / 0, 3, 5, 8, 11 } (54).

Celle de {mi/ut à {la/mi♭ non plus (c'est l'inversion de l'exemple A.), parce que ces notes ne se rencontrent que dans l'accord de sixte mineure en majeur {mi, sol♯, si♮, ré♯ / 0, 4, 8, 11 (12).

Enfin, dans les transitions de tierce majeure à la même, celle de {mi/ut à sol/mi♭ n'est point praticable, parce que les notes qui la composent ne se rencontrent que dans l'accord de seconde superflue {mi, sol, ut, ré♯ / 0, 3, 8, 11 (9) qui forme une cadence interrompue. Celle de {mi/ut à sol♯/mi non plus, parce que ces notes ne se rencontrent que dans les accords suspensifs *ut, mi, sol♯, si* (12), et {ut, ré, mi, sol♯, si / 0, 2, 4, 8, 11 (22). Celle de {mi/ut à {la♯/fa♯ non plus, parce que les sons qui la composent ne se rencontrent que dans l'accord de tritons mixtes (39) *ut, mi, fa♯, la♯*. Celle de {mi/ut à la♭/ut, parce que ses sons appartiennent à la sixte mineure en majeur (12), et enfin celle de {mi/ut à {la/ut♯ non plus, parce que ses sons n'appartiennent qu'à un accord de seconde superflue (9) {ut♯, mi, la, si / 0, 3, 8, 11.

Toutes les successions que nous n'avons point comprises dans ces exceptions sont praticables, ainsi que celles de toutes les dissonances, autant qu'elles se trouvent comprises dans des accords qu'il est possible de faire succéder les uns aux autres, comme il a été indiqué aux chapitres VII et VIII [1].

(1) Toutefois, dans ces combinaisons il est indispensable de consulter constamment la mélodie de la tonique dans ses deux modes, tant que l'on ne voudra point lui en substituer une autre ; et de considérer, quand on voudra former une transition, les influences des notes qui peuvent appeler une nouvelle tonique. Dans la gamme en majeur d'*ut*, par exemple, on ne trouve que les tierces majeurs {mi, la, si / ut, fa, sol ; et dans celle du ton relatif en *la* mineur, on ne trouve de plus que celle {sol♯/mi, à cause du *sol♯* accidentel employé comme sensible directe de la tonique. On ne peut donc employer dans ces deux mélodies que ces trois ou quatre tierces majeures ; et si l'on veux s'en servir pour former des transitions, il faudra considérer la note aiguë d'une

Il ne nous reste qu'à donner quelques exemples des transitions produites par diverses successions praticables. C'est dans l'étude, la recherche et l'exercice de toutes celles qui sont possibles , et de toutes les manières de résoudre leurs effets dissonans que l'on retrouvera des traces de ces exceptions nombreuses que les maîtres de contrepoint ont été obligés d'admettre contre leurs règles. Avant tout , nous inviterons les amateurs à consulter l'oreille et les harmonies naturelles qui lui conviennent. Le talent supérieur et le vrai génie consistent non à créer des compositions compliquées et bizarres, mais à produire des impressions profondes par les moyens les plus simples et les plus à portée de tous les auditeurs.

(*Voy*. le tableau *D* , et la note *E* .)

tierce, *la,* par exemple , comme sensible directe, et sa note grave *fa* comme quinte , pour passer en *si* ♭, majeur ou mineur ; ou bien encore prendre cette note aiguë comme sensible inverse pour passer en *sol* mineur, qui pourtant sera mieux appelé par la tierce mineure $\left\{\begin{smallmatrix} la \\ fa\, \sharp \end{smallmatrix}\right.$, où le son grave joue le rôle de sensible directe.

NOTES.

A. Sur la gamme enharmonique.

On a vu que parmi les sons qui peuvent être intercalés entre deux octaves 1 et 2, il y en avait plusieurs qui par leur consonnance avec ces deux sons fondamentaux devaient nécessairement faire partie de la succession de ces sons du grave à l'aigu ; ce sont ceux représentés par les rapports $\frac{6}{5}$, $\frac{5}{4}$, $\frac{4}{3}$, $\frac{3}{2}$, $\frac{8}{5}$ et $\frac{5}{3}$, de leurs nombres de vibrations.

La différence du son $\frac{6}{5}$ au son $\frac{5}{4}$ est représentée par le facteur $\frac{25}{24}$, ainsi que celle de $\frac{8}{5}$ à $\frac{5}{3}$. La différence du son $\frac{5}{4}$ au son $\frac{4}{3}$ est représentée par le facteur $\frac{16}{15}$, ainsi que celle de $\frac{3}{2}$ à $\frac{8}{5}$. Il suit de là que la différence du son $\frac{6}{5}$ au son $\frac{4}{3}$, est représentée par $\frac{25}{24} \times \frac{16}{15} = \frac{10}{9}$, de même que celle de $\frac{3}{2}$ à $\frac{5}{3}$. Mais la différence du son $\frac{4}{3}$ au son $\frac{3}{2}$ est représentée par le facteur $\frac{9}{8}$, qui diffère de $\frac{10}{9}$ de $\frac{1}{72}$. C'est la différence du *ton* dit *majeur* au ton *mineur*.

Si l'on compare entre eux les facteurs $\frac{25}{24}$ et $\frac{16}{15}$, on trouvera que le second est presque égal au carré du premier, car il n'est inférieur à $\left(\frac{25}{24}\right)^2 = \frac{625}{576}$ que de $\frac{159}{8640}$, ou environ $\frac{1}{54}$. On trouvera ensuite que le facteur $\frac{9}{8}$ est à peu de chose près égal au cube du facteur $\frac{25}{24}$, qui est $\frac{15625}{13824}$, car il ne le lui est inférieur que de $\frac{584}{110592}$, ou environ $\frac{1}{189}$. Ce facteur $\frac{25}{24}$ est le rapport représentant l'intervalle qu'on nomme enharmonique. Il donne entre les sons $\frac{4}{3}$ et $\frac{3}{2}$ les deux sons intermédiaires $\frac{25}{18}$ et $\frac{29}{20}$: entre les sons 1 et $\frac{6}{5}$, il donne ceux exprimés par $\frac{25}{24}$, $\frac{16}{15}$, $\frac{10}{9}$ (ou $\frac{9}{8}$) et $\frac{75}{64}$; comme entre les sons $\frac{5}{3}$ et 2, ceux $\frac{128}{75}$, $\frac{9}{5}$ (ou $\frac{16}{9}$) $\frac{15}{8}$ et $\frac{48}{25}$. Enfin il permet d'intercaler entre les sons $\frac{5}{4}$ et $\frac{4}{3}$ l'intermédiaire $\sqrt{\frac{5}{3}}$ ou $\frac{32}{27}$, et entre les sons $\frac{3}{2}$ et $\frac{8}{5}$, l'intermédiaire $\sqrt{\frac{12}{5}}$ ou $\frac{25}{16}$.

On peut donc, d'après cet exposé, former la succession enharmonique suivante, dont les intervalles sont sensiblement égaux; savoir :

$$1,\ \frac{25}{24},\ \frac{16}{15},\ \frac{9}{8},\ \frac{75}{64},\ \frac{6}{5},\ \frac{5}{4},\ \frac{32}{25},\ \frac{4}{3},\ \frac{25}{18},\ \frac{36}{25},\ \frac{3}{2},\ \frac{25}{16},\ \frac{8}{5},\ \frac{5}{3},\ \frac{128}{75},\ \frac{16}{9},\ \frac{15}{8},\ \frac{48}{25},\ 2.$$

ut, ut♯, ré♭, ré, ré♯, [mi♭, mi, mi♯/fa♭, fa, fa♯, sol♭, sol, sol♯, la♭, la, la , si♭, si, si♯/ut♭, ut.

qui contient dix-huit intermédiaires entre deux octaves données,
ou une succession de dix-neuf sons dont le facteur commun est
très rapproché de $\frac{25}{24}$.

En effet, si l'on introduisait dix-huit moyens proportionnels géométriques entre 1 et 2, on trouverait que leur facteur serait
1,03715, égal à $\frac{28}{27}$ à très peu près, et un peu plus petit que $\frac{25}{24}$.
(de $\frac{1}{216}$).

On voit qu'il serait impossible d'établir aucun autre intervalle
enharmonique dans cette succession, et il en résulte la nécessité
d'employer le même son pour le *mi*♯ et le *fa*♭, comme pour le
si♯ et l'*ut*♭; mais il existe dans cette succession enharmonique
une irrégularité qui en rend l'emploi difficile et embarrassant. La
gamme chromatique se compose de douze intervalles (vulgaire-
ment demi-tons) que l'on suppose égaux, et l'intervalle de l'*ut*
grave à son octave aiguë se trouve divisé en six *tons* sensiblement
égaux, dont le triton $\sqrt{2}$, {fa♯/sol♭,} est le terme de séparation au mi-
lieu exact de cette gamme. Dans la gamme enharmonique, les
intervalles diatoniques d'*ut* à *ré*, de *ré* à *mi*, de *mi* à *fa*♯, de *fa*♯ à
sol♯, de *sol*♯ à *la*♯, de *la*♯ à *si*♯, se composent chacun de trois
intervalles enharmoniques, que l'on pourrait appeler des *tiers de
ton;* mais il en reste un pour aller du *si*♯ à l'*ut* aigu; la suppression de l'un quelconque de ces intervalles semble dès lors indispensable pour régulariser cette gamme enharmonique, soit dans
l'instrumentation, soit dans la vocalisation, et cette régularité exi-
gerait que la suppression eût lieu par la confusion des deux sons
$\frac{25}{18}$ et $\frac{36}{25}$, en un seul $\sqrt{2}$, leur moyen proportionnel géométrique.

Il serait impossible de construire un clavier formé de dix-neuf
sons par octave ; car pour la régularité du doigté il faudrait que
les touches fussent toutes semblables, et alors on ne pourrait évi-

ter qu'un doigt en touchât au moins deux à la fois, à moins d'un écartement trop grand dans les octaves.

La suppression d'un intervalle enharmonique ne remédierait point à cet inconvénient, et elle ajouterait singulièrement à la difficulté du doigté.

Ainsi les avantages qui résulteraient de la plus grande justesse d'une succession enharmonique et de l'augmentation des moyens de transition qu'elle pourrait procurer se trouvant combattus par des obstacles insurmontables, il convient sans doute d'y renoncer, et de se contenter de la succession chromatique la plus rapprochée des intervalles moyens proportionnels géométriques, et qui se trouve telle que nous l'avons établie

B. Sur l'expression de divers sons comparés à une tonique donnée.

M. L..., savant amateur, a consigné quelques vues fort originales sur l'expression musicale, dans plusieurs numéros de la Décade philosophique. (an **X.**) Nous avons cru devoir porter une attention scrupuleuse sur les assertions de ce littérateur spirituel, dont quelques-unes ne nous ont pas paru fondées.

M. L... a attribué, par exemple, à l'*ut*, considéré comme tonique, un caractère de *repos immuable ;* à sa tierce majeure *mi*, celui d'une *énergie ardente ;* à sa quinte *sol*, celui d'une *douceur lumineuse ;* et dès lors il compare les sensations qu'ils produisent sur notre oreille à celles produites sur nos yeux par les trois couleurs primitives, le *bleu*, le *rouge* et le *jaune*.

Nous avons reconnu dans la tonique le caractère de *repos* qui lui est attribué, nous ajouterons que ce repos n'est nullement troublé par la réunion de ses deux consonnances, la tierce majeure et la quinte, et que l'intonation de l'*ut* au *mi* parfaitement juste, n'a d'autre nuance d'*énergie* que celle qui dérive de ce que ce dernier son est le résultat d'un plus grand nombre de vibrations dans le même temps, et aussi de ce que cette intonation participe d'une action, d'un mouvement qui se manifestent avec un certain élan.

Quant à la *douceur lumineuse* du *sol*, comme quinte de la tonique, nous conviendrons seulement que cette note étant sa première consonnance de premier ordre, elle se trouve amenée avec plus de facilité et de charme que toute autre consonnance.

Mais quant aux comparaisons avec les couleurs primitives, nous ferons observer que M. L... se trouve en opposition avec les savans qui ont vu dans le rouge pur qui borde les extrémités de l'iris la couleur correspondant à la tonique d'une octave sonore, et non à sa tierce majeure, ce qui détruit tout-à-fait l'hypothèse de M. L... Et, en effet, si comme tout nous l'indique, les couleurs de l'iris sont le produit de la différence de la fréquence ou de la retardation dans les vibrations lumineuses, le rouge étant produit par les rapports 1 et 2 de cette fréquence ou retardation en un temps donné, aux deux bords de l'iris, on voit les deux autres couleurs primitives, le bleu et le jaune se former par les rapports $\frac{5}{4}$ et $\frac{3}{2}$, et correspondre à la tierce majeure et à la quinte sonores, de telle sorte que les trois couleurs primitives, savoir, le rouge, le jaune, le bleu, correspondent précisément comme les harmoniques du mode majeur, aux nombres 1, 3 et 5, rapports de leurs vibrations ou retardations.

M. L... ajoute qu'il a trouvé dans la seconde majeure *ré* de la *sauvagerie* : nous n'y avons trouvé que de l'incertitude, relativement au mode de l'harmonie; dans la quarte *fa* de la *langueur*; nous y trouverions plutôt un caractère d'*inconstance*, puisque l'intonation d'*ut* à *fa*, sa seconde consonnance du premier ordre, donne à cette dernière la fonction d'une nouvelle tonique : dans la sixte majeure *la* de l'*égarement* : (passe pour cette expression, parce que l'intonation *ut la* ne permet pas seule de deviner si cette dernière note, consonnance très éloignée de la première, doit être considérée comme tonique de l'accord *ut*, *mi*, *la*, ou comme tierce majeure de celui *ut*, *fa*, *la*;) enfin dans la septième majeure *si* de la *férocité*, et nous ne saurions être de son avis, car cette note est la sensible directe de la tonique, et est toujours employée nécessairement et avec le plus grand succès pour en rappeler le son consolateur. Il y a seulement de la dureté dans l'intonation de l'*ut* grave à sa septième majeure; mais il y en a bien plus dans l'intonation du triton, et dans le renversement du *si* aigu à l'*ut* grave, quoique ce soit un retour à la tonique.

Si **M. L. . .** eût complété son examen en le portant sur tous les intervalles chromatiques, au lieu de se borner aux sons de la gamme diatonique du mode majeur, il aurait trouvé ailleurs ce caractère de férocité, il eût accordé à la tierce mineure d'*ut* unie à la quinte *sol*, ou à la sixte mineure *la* ♭ unie à la quarte *fa*, le caractère *mesto*, mélancolique, qui ne peut lui être refusé. Il aurait pu faire mention de la différence de sensation entre une seconde mineure chromatique ($\frac{16}{15}$) ou harmonique $\frac{25}{24}$, entre une quinte superflue, enharmonique $\frac{25}{16}$, et une sixte mineure chromatique $\frac{8}{5}$: entre un ton majeur $\frac{9}{8}$ ou mineur ($\frac{10}{9}$) : entre une seconde majeure ou son renversement, une septième mineure, etc.

Répétons encore ici que l'expression d'un accord consonnant de l'un ou de l'autre mode ne saurait jamais changer, si les sons qui le composent sont toujours dans leurs rapports exacts de vibrations, 1, 3, 5 et 1, $\frac{1}{3}$, $\frac{1}{5}$, ou leurs octaves; et que cette expression changera s'il y a quelque modification faite à ces rapports.

Ce que nous avons énoncé avec détail dans le chapitre III suffit pour indiquer les choix que l'on doit faire dans les transitions, lorsque l'on veut qu'elles conduisent à des modulations pures, ou lorsque l'on peut négliger cette pureté, ou même faire servir la dureté ou la mollesse de telle ou telle modulation à une expression dramatique voulue. On voit que ces choix dépendent du principe suivi aussi dans l'accord des instrumens; on sent qu'il exige une répartition semblable dans tous ceux destinés à être entendus à la fois; et comme enfin il y a une différence notable dans les instrumens à archet qui jouent le principal rôle dans les orchestres, entre les sons des cordes *à vide* et ceux formés par les doigts appuyés sur les manches, qui ont toujours plus de douceur et de moelleux, on concevra combien il est à propos de consulter toutes ces circonstances relativement aux effets que l'on veut produire par des modulations et des transitions de tons quelconques. On sait assez comment sont défigurés et méconnaissables, par des raisons analogues, des morceaux de musique instrumentale ou vocale, transposés à cause d'un instrument à vent, ou d'une voix dont l'étendue ne peut s'adapter à la musique telle qu'elle a été écrite.

C.　De la manière de chiffrer les accords.

Quoique l'on fasse maintenant fort peu d'usage des basses chiffrées, nous croyons devoir entrer dans quelques développemens sur l'annotation que nous avons indiquée pour exprimer les accords consonnans et dissonans de toute espèce qu'il est toujours utile de pouvoir désigner par des caractères particuliers.

1° Accords consonnans.

L'accord consonnant du mode majeur peut être formé alternativement dans ses trois inversions $\begin{cases} 7, \textit{sol}, \\ 4, \textit{mi}, \\ 0, \textit{ut}, \end{cases} \begin{cases} 0, \textit{ut}, \\ 7, \textit{sol}, \\ 4, \textit{mi}, \end{cases}$ et $\begin{cases} 4, \textit{mi} \\ 0, \textit{ut} \\ 7, \textit{sol} \end{cases}$.

Il peut donc toujours être désigné d'une manière parfaitement distincte, pour chacune de ces inversions, par la caractéristique de sa note grave 0, *ut;* ou 4, *mi* et 7, *sol.* C'est-à-dire que si l'on veut exprimer un accord consonnant, par exemple en *si* ♭ majeur, par la seule caractéristique de l'une de ses trois notes $\genfrac{}{}{0pt}{}{\textit{si}\,♭,}{0,}\ \genfrac{}{}{0pt}{}{\textit{ré},}{4,}\ \genfrac{}{}{0pt}{}{\textit{fa},}{7,}$ on devra placer sous cette note placée au grave dans la portée, suivant sa fonction, l'un des chiffres, 0; 4; 7; de la manière suivante :

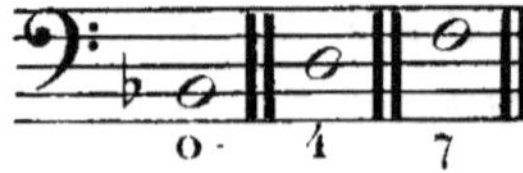

ce qui sera la même chose que si l'on avait noté les trois accords
à l'ordinaire :

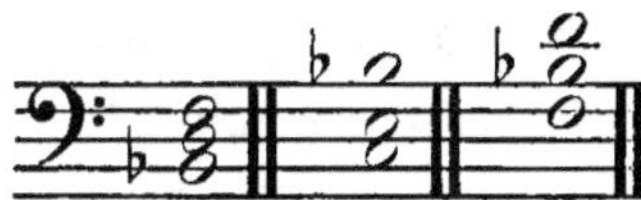

L'accord consonnant du mode mineur pouvant être formé aussi
dans ses trois inversions $\begin{smallmatrix} 7 \\ 3 \\ 0 \end{smallmatrix}$, $\begin{smallmatrix} 12 \\ 7 \\ 3 \end{smallmatrix}$ et $\begin{smallmatrix} 3 \\ 0 \\ 7 \end{smallmatrix}$, on voit qu'il peut être désigné,
de même pour chacune d'elles, par la seule caractéristique de sa
note grave qui sera, o, ou 3, ou 7; mais comme il y aurait confusion avec les types de l'harmonie en majeur, il sera nécessaire
d'indiquer le mode mineur en barrant le chiffre, soit o̶, soit 7̶, car
quant à 3, type de la tierce mineure, il n'a pas besoin de cette dis-
tinction.

2° Accords dissonans.

Tous ceux qui dérivent de l'addition d'une seule note dissonante
à l'un quelconque des accords consonnans, et que nous comprenons
sous la dénomination générale d'harmonies mixtes, seront désignés
avec la plus grande simplicité par la caractéristique du rang de la
note dissonante dans l'échelle chromatique de la tonique de l'accord consonnant, au-dessous de laquelle sera ajoutée celle de la
note grave de l'accord, dans le cas où elle ne serait pas la note
dissonante elle-même; et cette dernière caractéristique sera barrée
au besoin, si l'harmonie consonnante est du mode mineur.

Ainsi pour la seconde mineure jointe à l'accord parfait majeur,
dont la seule forme praticable est $\begin{smallmatrix} 12 \\ 7 \\ 4 \\ 1 \end{smallmatrix}$, la note o étant la tonique

et la note grave, 1 la seconde mineure dissonante, l'annotation
unique sera le chiffre 1, placé sous la note grave de cet accord, en
quelque ton que ce soit. Toutefois cet accord serait encore désigné
par $\begin{smallmatrix} 1 \\ 0 \end{smallmatrix}$; $\begin{smallmatrix} 1 \\ 4 \end{smallmatrix}$; et $\begin{smallmatrix} 1 \\ 7 \end{smallmatrix}$, si l'on voulait placer au grave sa tonique, sa tierce,
ou sa quinte.

En mineur, on le chiffrerait 1, $\frac{1}{0}$, $\frac{1}{3}$, et $\frac{1}{7}$.

Pour la seconde majeure en majeur, on aura donc simplement 2, ou $\frac{2}{0}$, $\frac{2}{4}$, $\frac{2}{7}$ suivant la note placée au grave.

En mineur, ce serait 2, ou $\frac{2}{0}$, $\frac{2}{3}$, $\frac{2}{7}$.

Pour la seconde superflue, ou tierce mineure en majeur, ce sera $2\frac{1}{1}$, ou $\frac{3}{0}$, $\frac{3}{4}$, $\frac{3}{7}$. On voit que la tierce majeure en mineur, à laquelle on pourrait être conduit par une transition, se compose des mêmes élémens et pourrait être chiffrée de même.

Pour la sixte majeure en majeur, dont l'ordre naturel est $\left\{\begin{smallmatrix}9\\7\\4\\0\end{smallmatrix}\right.$, l'annotation sera $\frac{9}{0}$ et pour ses inversions $\frac{9}{4}$, $\frac{9}{7}$ et 9. Cet accord pouvant être considéré aussi comme provenant de l'harmonie du mode mineur 0, 4, 9 à laquelle on ajouterait la septième mineure 7 de la tonique 9, on voit qu'on pourrait dans sa forme naturelle 0, 3, 7, 10, le chiffrer $\frac{10}{0}$, et dans ses inversions $(0, 4, 7, 9;\ 0, 3, 5, 8;\ \text{et } 0, 2, 5, 9)$ $\frac{10}{3}$; $\frac{10}{7}$ et 10, etc.

⸺•⸺

D.   Sur la formation du tableau général des principales modulations et transitions praticables.

Le passage d'un accord quelconque à un autre peut avoir lieu d ediverses manières, et ne pas toujours exiger la solution immédiate de son effet dissonant par un accord consonnant. Cependant il est nécessaire que la solution ait lieu toutes les fois qu'à la note grave 0, d'un accord, est jointe sa septième majeure ou son onzième intervalle 11 : et s'il peut être permis de différer cette solution, ce n'est qu'en revenant à l'accord quelconque qui a précédé le dernier. C'est par une conséquence de ce principe que les accords dissonans de seconde mineure, de seconde superflue, de quarte, de triton, de sixte mineure et de septième majeure en majeur, ainsi que ceux de seconde mineure et majeure, de tritons, et de septième majeure en mineur ne permettent aucunes transitions, non plus que les accords composés dérivés d'une addition à ceux de septième mineure en majeur, de tritons simples, mixtes, de sixte superflue et ceux dits de suspension.

Au contraire les accords consonnans, les sixtes majeures en majeur et en mineur, les septièmes mineures en majeur, les tritons simples et mixtes, présentent les moyens de pratiquer un très grand nombre de modulations et de transitions de tons, précisément à cause de l'absence dans ces accords, et dans toutes leurs inversions, de la sensible directe de la note grave qui l'appelle nécessairement comme une de ses principales consonnances.

Les accords de seconde majeure en majeur, et de quarte en mineur se trouvent dans la catégorie des premiers accords, quoique cette note sensible directe ne s'y rencontre pas, et ils doivent se résoudre immédiatement par l'accord consonnant qu'ils renferment, parce que la note dissonante qui s'y trouve jointe joue nécessairement alors le rôle de sensible inverse à l'égard de la tonique ou d'une de ses consonnances.

Nous avons cru pouvoir indiquer au surplus dans notre tableau général *C*, et y classer avec ordre toutes les modulations et transitions qui nous ont paru praticables. Il sera facile aux professeurs et aux amateurs de suppléer à nos omissions, et nous ne nous plaindrons point si l'on juge à propos de condamner quelques-unes des combinaisons que nous aurions admises, par la raison que l'oreille pourrait en être choquée. Nous aurions pu être induits en erreur à cet égard, par l'abus que nous aurions fait de quelques produits bizarres de nos recherches physiques, que nous sommes éloignés de vouloir défendre contre les principes du goût.

Note *E.*

Nous avions consacré un chapitre à l'examen des règles du contrepoint, et une note à celui de deux ouvrages récens de deux professeurs distingués, sur cette matière, et sur la théorie de la mélodie. Nous avons cru devoir les supprimer afin d'éviter une controverse à peu près inutile, puisque le contrepoint n'est plus ce qu'il a été, et que notre exposé sur la mélodie, si on le trouve fondé sur des bases naturelles et exactes, est une critique suffisante de tous les faux systèmes tant anciens que modernes.

TABLE DES MATIÈRES.

Ordre des tableaux.

A. Tableau des accords résultans de la loi des doubles résonnances graves.

B. Tableau général des accords praticables.

C. Tableau général des modulations et transitions praticables.

D. Exemples notés et chiffrés de successions harmoniques.

(A)

TABLEAU DES ACCORDS
RÉSULTANT DE LA LOI DES DOUBLES RÉSONNANCES GRAVES.

NUMÉROS.	SONS GÉNÉRATEURS.		RÉSONNANCES GRAVES.		HARMONIES RÉSULTANTES.
	CONSTANT.	VARIABLE.	DU GRAVE A L'AIGU.	DE L'AIGU AU GRAVE.	
1.	ut de 256 vibrations.	ut ♯ de 266 $\frac{2}{3}$ $\left(\frac{25}{24}\right)$	fa de 10 $\frac{2}{3}$ $\left(\frac{1}{24}\right)$	ut ♭ de 245 $\frac{1}{5}$ $\left(\frac{23}{24}\right)$	0, 6, 7, 8. fa, si, ut, ré ♯. 3 intervalles chromat.
2.	Idem.	ré ♭ de 273 $\frac{1}{15}$ $\left(\frac{16}{15}\right)$	ré ♭ de 17 $\frac{1}{15}$ $\left(\frac{1}{15}\right)$	si de 238 $\frac{14}{15}$ $\left(\frac{14}{15}\right)$	0, 10, 11. ré ♭, si, ut. Idem.
3.	Idem.	ré de 284 $\frac{4}{9}$ $\left(\frac{10}{9}\right)$	si ♭ de 28 $\frac{4}{9}$ $\left(\frac{1}{9}\right)$	si ♭ de 227 $\frac{5}{9}$ $\left(\frac{8}{9}\right)$	0, 2, 4. si ♭, ut, ré. 3 intervalles diaton.
4.	Idem.	ré' de 288 $\left(\frac{9}{8}\right)$	ut de 32 $\left(\frac{1}{8}\right)$	la ♯ de 224 $\left(\frac{7}{8}\right)$	0, 2, 4. la ♯, ut, ré. Idem [1].
5.	Idem.	ré' de 296 $\left(\frac{8}{7}\right)$	mi de 40 $\left(\frac{5}{32}\right)$	la de 216 $\left(\frac{27}{32}\right)$	0, 4, 8, 11. mi, la, ut, ré ♯. Triton en mineur.
6.	Idem.	ré ♯ de 298 $\frac{2}{3}$ $\left(\frac{7}{6}\right)$	fa de 42 $\frac{2}{3}$ $\left(\frac{1}{6}\right)$	la de 213 $\frac{1}{3}$ $\left(\frac{5}{6}\right)$	0, 4, 7, 10. fa, la, ut, ré ♯. sept. min. en majeur.
7.	Idem.	ré ♯ de 300 $\left(\frac{225}{192}\right)$	fa ♯ de 44 $\left(\frac{11}{64}\right)$	la de 212 $\left(\frac{53}{64}\right)$	0, 3, 6, 9. fa ♯, la, ut, ré ♯. triton simple.
8.	Idem.	mi ♭ de 307 $\frac{1}{5}$ $\left(\frac{6}{5}\right)$	la ♭ de 51 $\frac{1}{5}$ $\left(\frac{1}{5}\right)$	la ♭ de 204 $\frac{4}{5}$ $\left(\frac{4}{5}\right)$	0, 4, 7. la ♭, ut, mi ♭. consonn. parf. en maj.
9.	Idem.	mi de 320 $\left(\frac{5}{4}\right)$	ut de 64 $\left(\frac{1}{4}\right)$	sol de 192 $\left(\frac{3}{4}\right)$	0, 4, 7. ut, mi, sol. Idem.
10.	Idem.	fa ♭ de 327 $\frac{17}{25}$ $\left(\frac{32}{25}\right)$	ré de 71 $\frac{17}{25}$ < $\frac{9}{32}$	sol ♭ de 184 $\frac{8}{25}$ $\left(\frac{18}{25}\right)$	0, 2, 4, 10. ré, mi, sol ♭, ut. 4 intervalles diaton.
11.	Idem.	fa de 341 $\frac{1}{3}$ $\left(\frac{4}{3}\right)$	fa de 85 $\frac{1}{3}$ $\left(\frac{1}{3}\right)$	fa de 170 $\frac{2}{3}$ $\left(\frac{2}{3}\right)$	0, 7. fa, ut. première consonnance
12.	Idem.	fa ♯ de 355 $\frac{5}{9}$ $\left(\frac{25}{18}\right)$	sol ♯ de 99 $\frac{5}{9}$ < $\frac{25}{64}$	mi ♭ de 156 $\frac{4}{9}$ > $\frac{3}{5}$	0, 4, 7, 10. la ♭, ut, mi ♭, fa ♯. sept. min. en majeur.
13.	Idem.	Triton de 362 $(\sqrt{2})$	la de 106 < $\frac{5}{12}$	ré ♯ de 150 $\left(\frac{225}{384}\right)$	0, 3, 6, 9. la, ut, ré ♯, fa ♯. triton simple.
14.	Idem.	sol ♭ de 368 $\frac{16}{25}$ $\left(\frac{36}{25}\right)$	la ♯ de 112 $\frac{16}{25}$ > $\frac{125}{288}$	ré de 143 $\frac{9}{25}$ < $\frac{9}{16}$	0, 2, 4, 8. la ♯, ut, ré, sol ♭. 3 intervalles diaton.
15.	Idem.	sol de 384 $\left(\frac{3}{2}\right)$	ut de 128 $\left(\frac{1}{2}\right)$	ut de 128 $\left(\frac{1}{2}\right)$	0, 7. ut, sol. première consonn.
16.	Idem.	sol ♯ de 400 $\left(\frac{25}{16}\right)$	ré de 144 $\left(\frac{9}{16}\right)$	la ♯ de 112 > $\frac{125}{288}$	0, 2, 4, 10. la ♯, ut, ré, sol ♯. 4 intervalles diaton.
17.	Idem.	la ♭ de 409 $\frac{3}{5}$ $\left(\frac{8}{5}\right)$	mi ♭ de 153 $\frac{3}{5}$ $\left(\frac{3}{5}\right)$	la ♭ de 102 $\frac{2}{5}$ $\left(\frac{2}{5}\right)$	0, 4, 7. la ♭, ut, mi ♭. consonn. parf. en maj.
18.	Idem.	la de 426 $\frac{2}{3}$ $\left(\frac{5}{3}\right)$	fa de 170 $\frac{2}{3}$ $\left(\frac{2}{3}\right)$	fa de 85 $\frac{1}{3}$ $\left(\frac{1}{3}\right)$	0, 4, 7. fa, la, ut. Idem.
19.	Idem.	la ♯ de 444 $\frac{4}{9}$ $\left(\frac{125}{72}\right)$	sol de 188 $\frac{4}{9}$ < $\frac{3}{4}$	ut ♯ de 67 $\frac{5}{9}$ > $\frac{25}{96}$	0, 6, 9, 11. ré ♭, sol, si ♭, ut. sixte superflue.
20.	Idem.	si ♭ de 455 $\frac{1}{9}$ $\left(\frac{16}{9}\right)$	sol ♯ de 199 $\frac{1}{9}$ < $\frac{25}{32}$	si ♭ de 56 $\frac{8}{9}$ $\left(\frac{2}{9}\right)$	0, 2, 10. si ♭, ut, sol ♯. 3 intervalles diaton.
21.	Idem.	si' ♭ de 460 $\frac{4}{5}$ $\left(\frac{9}{5}\right)$	la ♭ de 204 $\frac{4}{5}$ $\left(\frac{4}{5}\right)$	la ♭ de 51 $\frac{1}{5}$ $\left(\frac{1}{5}\right)$	0, 2, 4. la ♭, si ♭, ut. Idem.
22.	Idem.	si de 480 $\left(\frac{15}{8}\right)$	la ♯ de 224 > $\frac{125}{144}$	ut de 32 $\left(\frac{1}{8}\right)$	0, 10, 11. ut, la ♯, si. 3 intervalles chromat.
23.	Idem.	ut ♭ de 491 $\frac{13}{25}$ $\left(\frac{48}{25}\right)$	si ♭ de 235 $\frac{13}{25}$ > $\frac{9}{10}$	fa ♭ de 20 $\frac{2}{25}$	0, 4, 10: 11. ut, mi, la ♯, si. Idem.
24.	Idem.	si ♯ de 500 $\left(\frac{125}{64}\right)$	ut ♭ de 244 < $\frac{24}{25}$	sol de 12 $\left(\frac{3}{64}\right)$	0, 7, 11. mi, sol, si. dissonance imparfaite.

[1] Lorsque l'on forme sur un instrument à cordes la seconde majeure *ut, ré*, on distingue parfois aussi les résonnances graves *fa ♯, la* qui complètent l'accord de septième mineure en majeur, que l'on trouve ici aux numéros 6 et 12. Ce résultat tient à une autre cause.

TABLEAU GÉNÉRAL
DES ACCORDS CONSONNANS ET DISSONANS PRATICABLES.

ORDRE des HARMONIES.	NOMS DES HARMONIES.	NUMÉROS DES ACCORDS.	INTERVALLES CHROMATIQUES qui forment LES ACCORDS.	NOTES DES ACCORDS rapportés A UNE MÊME NOTE GRAVE.	NOMS PARTICULIERS DE CHACUN DES ACCORDS.	EXPRESSION des ACCORDS EN CHIFFRES.
Harmonies consonn.	1° mode majeur	1	0, 4, 7,	ut, mi, sol,	tonique, en majeur	0
		2	0, 3, 8,	ut, mi♭, la♭,	tierce, idem.	4
		3	0, 5, 9,	ut, fa, la,	quinte, idem.	7
	2° mode mineur	4	0, 3, 7,	ut, mi♭, sol,	tonique, en mineur	ø
		5	0, 4, 9,	ut, mi, la,	tierce, idem.	3
		6	0, 5, 8,	ut, fa, la♭,	quinte, idem.	7
Harmonies mixtes du mode majeur.	3° seconde mineure	7	0, 3, 6, 11,	ut, ré♯(mi♭), fa♯, si,	seconde mineure en majeur.	1
	4° seconde majeure	8	0, 3, 8, 10,	ut, mi♭, la♭, si♭,	seconde majeure idem.	2/4
	5° seconde superflue	9	0, 3, 8, 11,	ut, mi♭, la♭, si,	seconde superflue idem.	2♯/4 ou 3/4
	6° quarte	10	0, 2, 7, 11,	ut, ré, sol, si,	quarte en majeur.	5
	7° triton	11	0, 5, 9, 11,	ut, fa, la, si,	triton idem.	6/7
	8° sixte mineure	12	0, 4, 8, 11,	ut, mi, sol♯, si,	sixte mineure en majeur.	8
	9° sixte majeure	13	0, 4, 7, 9,	ut, mi, sol, la,	tonique de sixte majeure en majeur.	9/0
		14	0, 3, 5, 8,	ut, mi♭, fa, la♭,	tierce de sixte majeure idem.	9/4
		15	0, 2, 5, 9,	ut, ré, fa, la,	quinte de sixte majeure idem.	9/7
		16	0, 3, 7, 10,	ut, mi♭, sol, si♭,	sixte majeure idem.	9 (1)
	10° septième mineure	17	0, 4, 7, 10,	ut, mi, sol, si♭,	tonique de septième mineure en majeur.	10/0
		18	0, 3, 6, 8,	ut, mi♭, sol♭, la♭,	tierce de septième mineure idem.	10/4
		19	0, 3, 5, 9,	ut, mi♭, fa, la,	quinte de septième mineure idem.	10/7
		20	0, 2, 6, 9,	ut, ré, fa♯, la,	septième mineure en majeur.	10
		21	0, 2, 5, 7, 11,	ut, ré, fa, sol, si,	quarte de septième mineure en majeur.	10/5
		22	0, 2, 4, 8, 11,	ut, ré, mi, sol♯, si,	sixte min. de sept. mineure idem.	10/8
		23	0, 1, 3, 7, 11 (a)	ut, ré♭, mi♭, sol, si♭,	sixte maj. de sept. mineure idem.	10/0
		24	0, 1, 5, 8, 11,	ut, ré♭, fa, la♭, si,	septième maj. de sept. min. idem.	10/11
	11° septième majeure	25	0, 4, 7, 11,	ut, mi, sol, si,	tonique de septième majeure idem.	11/0 (2)
Harm. mixt. du mod. min.	12° seconde mineure	26	0, 2, 6, 11,	ut, ré, fa♯, si,	seconde mineure en mineur.	1
	13° seconde majeure	27	0, 4, 9, 11,	ut, mi, la, si,	seconde majeure idem.	2/3
	14° quarte	28	0, 5, 8, 10,	ut, fa, la♭, si♭,	quarte en mineur.	5
	15° triton	29	0, 5, 8, 11,	ut, fa, la♭, si,	triton idem.	6
	16° sixte majeure	30	0, 3, 7, 9,	ut, mi♭, sol, la,	tonique de sixte majeure en mineur.	9/ø
		31	0, 4, 6, 9,	ut, mi, fa♯, la,	tierce de sixte majeure idem.	9/4
		32	0, 2, 5, 8,	ut, ré, fa, la♭,	quinte de sixte majeure idem.	9/7
		33	0, 3, 6, 10,	ut, mi♭, sol♭, si♭,	sixte majeure en mineur.	9
	17° septième majeure	34	0, 3, 7, 11,	ut, mi♭, sol, si,	tonique de septième majeure en mineur.	11/ø
Harmonies essentiellement dissonantes.	18° triton simple	35	0, 3, 6, 9,	ut, mi♭, fa♯, la,	triton simple.	t
		36	0, 2, 5, 8, 11,	ut, ré, fa, la♭, si,	septième mineure de triton simple.	10/t
		37	0, 1, 4, 7, 10,	ut, ré♭, mi, sol, si♭,	septième majeure idem idem.	11/t (3)
	19° tritons mixtes	38	0, 2, 6, 8,	ut, ré, fa♯, la♭,	premier triton mixte.	tt
		39	0, 4, 6, 10,	ut, mi, fa♯, si♭,	deuxième triton mixte.	11
		40	0, 2, 6, 8, 11,	ut, ré, fa♯, la♭, si,	premier triton mixte et septième majeure.	11/tt
		41	0, 2, 6, 8, 11,	ut, ré♭, fa, sol, si,	septième majeure de second triton mixte.	11/tt
		42	0, 1, 5, 7, 11,	ut, ré♭, mi♭, sol, la,	sixte majeure de premier triton mixte.	11/9 (4)
	20° sixte superflue	43	0, 6, 9, 11,	ut, fa♯, la, si,	sixte superflue.	9 +
		44	0, 2, 6, 9, 11,	ut, ré, fa♯, la, si,	sixte superflue et seconde majeure.	2/9 + (5)
		45	0, 3, 6, 9, 11,	ut, mi♭, fa♯, la, si,	sixte superflue et tierce mineure.	5/9 + ou 11/9 (6)
		46	0, 4, 6, 9, 11,	ut, mi, fa♯, la, si,	sixte superflue et tierce majeure.	4/9†
	21° accords de suspension	47	0, 1, 5, 6, 10,	ut, ré♭, fa, sol♭, si♭,	triton en majeur et quarte.	6/5 (7)
		48	0, 1, 5, 7, 10,	ut, ré♭, fa, sol, si♭,	sixte majeure en mineur et seconde majeure.	9/2 (8)
		49	0, 2, 3, 7, 10,	ut, ré, mi♭, sol, si♭,	sixte majeure en majeur et seconde majeure.	9/11 (9)
		50	0, 2, 3, 7, 11,	ut, ré, mi♭, sol, si,	sept. majeure en mineur et seconde maj.	11/10 (10)
		51	0, 2, 4, 7, 11,	ut, ré, mi, sol, si,	sept. majeure en majeur et seconde maj.	11/0/2 (11)
		52	0, 2, 5, 9, 11,	ut, ré, fa, la, si,	quinte de sixte maj. en maj. et sept. majeur.	11/9/7 (12)
		53	0, 2, 6, 7, 11,	ut, ré, fa♯, sol, si,	quarte en majeur et triton.	5,6 (13)
		54	0, 3, 5, 8, 11,	ut, mi♭, fa, la♭, si,	tierce de sixte maj. en majeur et sept. maj.	11/9/4 (14)

(a) Dans cet accord, comme dans ceux analogues, il convient de placer la note 1 à l'octave aiguë (0, 3, 7, 10, 13).

(1) On voit qu'on pourrait le chiffrer 10/ø en l'appelant septième mineure en mineur.

(2) On pourrait le chiffrer 8, en l'appelant sixte mineure en mineur.

(3) On pourrait former aussi les accords dérivés de ce triton : 0, 1, 3, 6, 9 ; 0, 2, 3, 6, 9 ; 0, 3, 4, 6, 9 : que l'on chiffrerait 1/1; 2/1; 4/1; etc.

(4) Inversion de l'accord n° 40.

(5) Inversion de l'accord n° 23.

(6) Inversion de l'accord n° 37.

(7) Accord donné par Bemetzrieder, composé avec celui n° 11. Il peut être renversé ainsi : 0, 4, 5, 9, 11.

(8) Inversion de l'accord n° 46, et composé avec celui n° 33.

(9) Accord donné par Bemetzrieder, et composé avec celui n° 16.

(10) Composé avec celui n° 34.

(11) Composé avec celui n° 28.

(12) Composé avec celui n° 15.

(13) Donné par Bemetzrieder, et composé avec celui n° 10.

(14) Composé avec celui n° 14.

NOTA. On n'attachera peut-être pas une grande importance à la méthode exposée ci-dessus de chiffrer des accords que l'on ne désigne presque plus ainsi. Mais on ne pourra méconnaître l'avantage de cette méthode qui donne à chacun d'eux une expression spéciale au lieu des nombreuses manières de l'ancienne méthode.

TABLEAU GÉNÉRAL

DES PRINCIPALES TRANSITIONS HARMONIQUES PRATICABLES, ET DES MOYENS QUE L'ON PEUT FAIRE SERVIR À CELLES INDIQUÉES DANS LA PREMIÈRE COLONNE.

HARMONIES CONSONNANTES	HARMONIES MIXTES DU MODE MAJEUR	HARMONIES MIXTES DU MODE MINEUR	HARMONIES CONSTITUTIVEMENT DISSONANTES
[illegible]	[illegible]	[illegible]	[illegible]

EXEMPLES DE SUCCESSIONS HARMONIQUES.